들어가며

다육식물의 귀여움과 사랑스러움을
널리 알리고 싶은 마음을 담아 준비했습니다.
지금까지 볼 수 없었던 줌업 사진.
소형종, 대형종에 상관없이 확대경으로
보는 듯한 디테일한
사진이 가득 실려 있습니다.
다육식물을 좋아하는 사람이 다육식물을 바라보는 시선으로
보고 즐겨주세요.
신비로운 매력의 연속인 다육식물.
감상하는 즐거움과 키우는 즐거움.
놀라움과 기쁨이 가득합니다.
다육식물의 넘치는 에너지를 느껴보세요

sol × sol 마츠야마 미사

001 들어가며

003 다육식물 기초 재배 지식

004 다육식물 재배를 위한 도구와 재료
005 물주기
006 다육식물을 키우는 장소
007 계절별 케어
008 다육식물의 번식과 손질

015 다육식물

016 아드로미스쿠스속
018 아에오니움속
020 아가베속
021 아나캄프세로스속
022 알로에속
024 코노피튬속
025 알부카속
026 보위에어속
027 부르세라속
028 세로페기아속
029 디오스코레아속
030 코틸레돈속
032 크라슐라속
036 에케베리아속
040 유포르비아속
042 크랍토페탈룸속
043 시닌기아속
044 파우카리아속

045 페네스트라리아속
046 가스테리아속
048 리돕스속
049 헤만투스속
050 하월시아속
055 자트로파속
056 칼랑코에속
060 모나데니움속
061 플레이오스필로스속
062 파키피튬속
064 체리돕스속
065 포르튤라카리아속
066 세덤속
070 셈퍼바이범속
072 세네시오속
074 후에르니아속

075 선인장

087 무코야마 유키오 씨가 말하는
    다육식물의 역사와 잘 키우는 비결
090 후타와엔이 자랑하는 다육식물의 세계

092 다육식물 인테리어

099 찾아보기

다육식물
기초 재배 지식

다육식물은 추위나 더위에 강하기 때문에 다른 식물에 비해 키우기 쉽다. 물론 다육식물도 생물인 만큼 최저한의 보살핌은 필요하다. 그렇지만 식물의 특징에 대한 이해 없이 무턱대고 키우다가는 아무리 생명력이 강한 다육식물이라고 해도 말라 죽을 수 있다. 이 책의 기초 부분을 통해 다육식물의 특징을 알아보자.

다육식물 재배를 위한 도구와 재료

다육식물을 키우는 방법은 매우 간단해서 이 정도의 도구만으로도 충분하다. 다육식물을 심을 흙은 통기성과 배수성이 좋아야 한다.

① 비료　　심을 때 소량을 원비로 넣는다.

② 물이끼　　작은 용기에 심을 때 흙으로 (사)용한다.
　　　　　　큰 화분에는 NG.

③ 적옥토(중립)　　중소형 화분에 심을 때 통기성과 배수를
　　　　　　위해 바닥에 까는 흙으로 사용.

④ 경석　　천연토양개량재이다.
　　　　　　화분토나 화장석으로 사용.

⑤ 스푼　　작은 공간에 흙을 넣을 때나 세심한
　　　　　　작업을 할 때 필요.

⑥ 핀셋　　이것은 필수! 선인장을 다룰 때, 마른잎을
　　　　　　제거하거나 심을 때 사용.

⑦ 모종삽　　흙을 넣는 도구. 사이즈가 각각 있으므로
　　　　　　심는 크기에 맞춰서 사용.

⑧ 신문지　　실내에서 심을 때 밑에 깔면 간단한 작업장으로
　　　　　　변신. 화분 바닥망 대신 사용하거나 병용도 가능.

⑨ 다육식물용 흙　　다육 전용의 브랜드 흙. 알갱이가 작은
　　　　　　적옥토를 베이스로 하고 모래나 숯을 섞는다.

⑩ 물조루　　이런 주전자나 주둥이가 달린 용기면 된다.
　　　　　　물주기 편하다.

⑪ 가위　　싹이나 뿌리를 자를 때 사용한다.
　　　　　　날이 잘 들어야 세포가 덜 손상된다.

⑫ 브러시　　작업장 청소, 화분이나 잎에 떨어진
　　　　　　불순물을 털어내는 데 사용한다.
　　　　　　사이즈가 작아야 쓰기가 편리하다.

⑬ 수건　　선인장에 두르고 작업하면 가시에 찔리지지
　　　　　　않는다. 장갑 대신 사용.

물주기

건조한 땅에서 자생하는 다육식물은 건조한 기후에 강해서 물주기를 조금쯤 게을리 해도 쉽게 시들지 않는다. 오히려 지나치게 많이 주면 뿌리가 손상될 수 있다. 요령은 강약이다. 계절이나 품종에 따라서는 1개월 정도 물을 주지 않아야 하는 것도 있다. 물을 많이 주는 시기에도 열흘에 한 번 정도면 충분하다. 이 강약에 익숙해지자.

계절별 물주기

다육식물이 물을 체내에 저장하며 성장하는 시기는 원산지의 우기에 해당하는 계절이다. 햇빛과 마찬가지로 물주기도 여름형과 겨울형은 방법이 각각 다르다. 생육계절에 대해서는 각 식물 페이지의 성장기를 참고한다.

여름형

봄~가을에 걸쳐 성장하는 품종. 따뜻해지는 4월쯤부터 물을 충분히 준다. 장마철에는 맑은 날이 연속될 때만 습할 정도로 준다. 한여름에는 한낮에 물을 주면 열탕이 될 수도 있으므로 저녁~밤 사이에 주는 것이 기본이다. 겨울에는 활동이 약해지고 휴면기에 접어드니 물은 월 1회 정도만 주면 된다. 대부분의 다육식물이 이 여름형에 해당한다.

겨울형

겨울형의 특징은 더위를 힘겨워한다는 점이다. 장마 때부터 물주는 횟수를 서서히 줄이다가 반그늘에 통풍이 잘 되는 장소로 옮겨준다. 여름에는 휴면기에 돌입하므로 월 1회 정도 서늘한 저녁~밤 사이에 물을 준다. 10월이 지나면서부터 서서히 물주기를 재개한다. 단 극한기에는 생육이 둔해지므로 조금 덜 줘야 한다.

휴면형

여름형 다육식물은 겨울(12~2월)이 휴면기이다. 이 시기에는 비교적 따뜻한 날이 계속될 때 아침에 통상의 1/3 정도로 물을 준다. 겨울형 다육식물은 여름(4~8월)이 휴면기이다. 이 시기에는 서늘한 날이 계속될 때 밤에 통상의 1/3 정도의 물을 준다.

바닥에 구멍이 없는 화분

화분 바닥에 구멍이 없는 화분(비커나 컵 등)에 물을 줄 때는 좀 더 주의해야 한다. 흙이 흠뻑 젖을 정도로 물을 준 후에 화분을 기울여 바닥에 고인 여분의 물을 따라내면 뿌리가 썩는 것을 방지할 수 있다. 고인 물을 그냥 두면 뿌리가 썩거나 시드는 원인이 된다.

다육식물을 키우는 장소

햇살이 강하고 건조한 지역에 자생하는 다육식물은 통풍이 잘 되며 최소 하루 4시간 이상은 해가 드는 곳에서 관리하면 좋다. 가정에서도 이런 환경에 가깝게 만들어주면 쑥쑥 자랄 것이다. 반대로 해가 들지 않고 습기가 많고 눅눅한 곳은 좋지 않다.

실외에서 관리할 때

비를 직접 맞지 않는 처마 밑이 좋다. 또 해가 드는 베란다에 놓거나 가림막 등을 이용해 비를 막아주는 것도 좋은 방법이다. 태풍이나 장마의 영향으로 비가 휘몰아치는 계절에는 실내로 들여놓는다. 또 처마 밑에 너무 오래 두면 그늘이 지거나 해가 잘 들지 않으므로 해의 움직임에 따라 화분의 위치를 옮겨주는 것이 좋다. 콘크리트나 아스팔트 위에 직접 놔두면 한여름에는 지면의 반사열 때문에 타버릴 수 있으니 발을 깔거나 평상 위에 놓는 것이 좋다.

실내에서 관리할 때

실내는 실외보다 햇빛이 들지 않기 때문에 창가 등 해가 잘 드는 곳에 두어야 한다. 습기에 매우 약하므로 이따금 창문을 열어 환기시킨다. 또 사람의 눈에는 충분히 밝아보여도 다육식물에게는 햇빛이 부족한 장소가 많기 때문에 기운이 없어 보인다면 부지런히 밖으로 옮겨 일광욕을 시켜준다. 다육식물은 햇빛과 통풍에만 신경 쓰면 실내에서도 간단히 관리할 수 있고 품종에 따라 습기에 강한 것도 있어서 부엌 인테리어에 활용할 수도 있다.

계절별 케어

다육식물의 몸은 거의 물로 이루어져 있다. 체내에 물을 저장해두고 있기 때문에 물을 적게 줘도 살 수 있으며 빛을 좋아하는 것도 다육식물의 특징이다. 다육식물은 빛을 받지 못하면 콩나물처럼 홀쭉하게 웃자라고, 잎사귀의 색소도 빠져서 흐릿해진다. 여기서는 계절에 적합한 물주기와 두는 장소 등을 소개한다.

봄

대부분의 품종이 활발하게 성장하기 시작하는 성장기라고 할 수 있다. 기온도 올라가고 뿌리도 활발하게 움직이기 때문에 화분 속의 흙도 빨리 건조해진다. 그만큼 물도 많이 필요하므로 흙 표면이 마르면 물을 충분히 준다. 또 겨울 동안 실내에 두었던 식물을 밖으로 꺼내어 햇빛과 바람을 쐬어주는 계절이다. 갑자기 밖으로 내놓으면 강한 햇볕에 탈 수 있으니 흐린 날을 골라 내놓거나 신문지 등을 덮어서 내놓다가 빛에 익숙해지면 신문지를 벗기는 등 신경을 쓰는 것이 좋다. 서리가 내리는 추운 날 밤에는 실내에 들여놓는다.

여름

여름은 다육식물에게 괴로운 계절이다. 이 시기는 습도가 높아서 공기 중의 수분만으로도 충분히 살 수 있을 정도이다. 따라서 이 시기에는 물을 적게 주어야 한다. 단 크기가 작은 품종은 3개월씩이나 물을 주지 않으면 시들어버리므로 잎의 상태를 가늠해 서늘한 밤에 준다. 직사광선을 피해서 그늘에서 관리하며 실내에서 관리할 때는 통풍에 신경 써야 한다. 사방이 꽉 막힌 실내에는 가능한 두지 않는다. 에어컨이나 선풍기가 있는 방에 둬도 되지만 바람을 직접 맞지는 않게 해야 한다.

가을

한여름의 무더위로 약해져 있던 다육식물이 회복하는 계절이다. 조금씩 서늘해지면서 단풍(p.14)이 들기 시작한다. 이때 물을 주기 시작하면 여위었던 몸은 조금씩 기운을 차리고 포동포동 부풀어 올라 생장을 재개한다. 여름 내 직사광선을 피해 그늘에서 쉬게 했던 다육식물을 해가 드는 장소로 옮긴다. 볕이 약하게 드는 곳에 두면 단풍이 들지 않으니 해가 잘 드는 곳에서 충분히 햇빛을 받게 하면 아름답게 변화하는 모습을 즐길 수 있다.

겨울

다육식물은 추위에 약하다는 이미지가 있는데, 의외로 비교적 쉽게 겨울을 넘길 수 있다. 기온이 내려가는 이때에는 동해가 발생하지 않도록 물주는 횟수를 줄인다. 물을 줄이면 식물 내의 농도가 진해져서 얼지 않기 때문이다. 특히 추위에 약한 품종은 물주는 것을 완전히 중단한다. 보통은 추위에 약한 품종은 잎이 떨어지면서 완전히 휴면기에 돌입하므로 실내에서 관리하면서 새순이 나올 때까지 물을 중단한다. 또 낮에는 창틀에 놓고 햇볕을 쬐어주고 밤에는 추운 창가에서 멀리 놓는다.

다육식물의 번식과 손질

증식 방법이 매우 간단한 것도 다육식물의 매력 중 하나다. 여기서는 독특한 증식 방법인 '잎꽂이' '꺾꽂이' '포기나누기'를 소개한다. 또 가지치기나 분갈이 등의 손질로 초자^{草姿}를 깔끔하게 할 수도 있다. 적정 시기는 성장기인 봄이나 가을이다.

잎꽂이

조심스럽게 떼어낸 잎을 흙에 꽂을 필요 없이 흙 위에 놓기만 하면 되는 간단한 방법이다. 잎을 뗄 때 연결 부분을 잘 떼어내지 않으면 성장점이 없어서 새순이 돋아나지 않을 수도 있다. 다른 증식 방법에 비해 시간이 좀 걸리지만 분갈이나 물을 줄 때 떨어진 잎으로도 할 수 있을 만큼 간단하다. 대부분의 다육식물이 이 방법으로 증식하지만, 코틸레톤속이나 세네시오속, 에케베리아속 등 대형 품종에는 적합하지 않다.

준비용품

- 다육식물(또는 떨어진 잎)
- 마른 흙
- 평평한 그릇

TIPS

잎이 돋아난 부분에서 새순이 나오므로 그 부분이 깔끔하지 않으면 제대로 성장하지 않는다. 잎을 떼어낼 때는 조심스럽게 좌우로 움직이면서 떼어낸다.

1 다육식물의 잎을 준비한다. 떨어진 잎을 사용할 경우에는 그대로, 튼튼한 잎을 떼어내는 경우에는 물을 준 직후가 아니라 조금 말린 후 떼어내면 쉽게 떨어진다.

2 납작한 그릇에 마른 흙을 넓게 펼치고 평평하게 고른다. 잎을 엎어놓지 말고 한 장씩 위로 향하게 한다.

3 잎 끝은 흙에 꽂지 말고 사진처럼 올려놓기만 하면 된다.

4 전부 다 늘어놓은 후 뿌리나 새순이 나오기를 기다린다. 물은 조금만 준다. 잎 끝으로 물이 들어가 썩을 수 있으니 주의한다. 또 빛이 너무 강하면 말라버리므로 실내에서 관리한다.

5 며칠 지나 잎에서 뿌리가 나오면 물을 주기 시작한다. 흙 밖으로 나온 뿌리는 핀셋으로 집어서 살짝 파놓은 흙 속에 넣고 흙으로 뿌리를 가볍게 덮어주면 된다.

6 며칠 지나면 새순이 나오고 새순에 영양을 준 잎은 서서히 마르다가 완전히 바스라진다. 이렇게 될 때까지 잎이 달린 상태로 키우고 완전히 마르면 떼어낸다.

잎꽂이 성장 과정

14일째

조금씩 뿌리가 나온다.

29일째

뿌리가 나오면 본격적으로 성장하기 시작한다.

72일째

크기는 제각각이지만 성장하고 있다.

120일째

더 크게 성장. 잎이 마르면 마음에 드는 용기에 심는다.

꺾꽂이

순을 잘라서 흙에 꽂아 증식하는 방법이다. 일반적인 식물의 증식 방법으로 다육식물도 쉽게 증식시킬 수 있다. 자른 순을 용토에 꽂아서 키우는 방법으로, 4~5일 정도 그늘에 말린 후 꽂으면 된다. 세담속, 아에오니움속 등이 약 10일, 크라슐라속은 약 15~20일, 세네시오속, 코틸레돈속, 에케베리아속 등은 약 20일~1개월 정도면 뿌리가 나온다.

준비용품

- 생장한 다육식물(팔천대)
- 마른 흙

1 순의 머리 부분을 잡고 그루의 조금 아랫부분을 자른다.

2 잘라내면 줄기만 있는 상태가 되지만……

며칠 지나면 모체의 옆구리에서 새순이 돋아난다.

3 잘라낸 순의 하엽을 2~3매 정도 딴다. 그대로 두면 흙에 덮인 잎이 썩어서 순 전체가 썩기도 한다.

눕힌 상태로 말려서 비뚤어진 모습.

5 며칠이 지나면 사진처럼 발근한다.

6 잘라낸 순이 발근하면 화분에 심는다. 완성.

4 잘라낸 순의 단면을 말린다. 이때 물은 절대로 주지 않는다. 눕혀서 말리면 싹이 비뚤어져서 곧게 자라기 어려우므로 사진처럼 병에 세워 통풍이 잘 되는 그늘에서 말리는 것이 좋다.

포기나누기

크게 성장한 포기를 파내고 뿌리를 분리해 새로운 포기를 만드는 방법이다. 분갈이를 하거나 군생이 활발할 때 하면 좋다. 이 방법은 알로에속이나 하윌시아속처럼 뿌리에서 새끼그루가 독립해서 나오는 다육식물에 적합하다. 용토째 포기를 화분에서 꺼내어 새끼그루를 분리해 심는데, 그리 크지 않은 새끼그루는 독립하지 못하고 말라버릴 수도 있다. 또 꺾꽂이와 달리 이미 뿌리가 있기 때문에 말리지 않은 상태에서 곧장 분갈이를 하고 5~10일 정도 단수한 뒤 물주기를 재개한다.

준비용품

- 크게 자란 다육식물
- 신문지
- 삽
- 적옥토(중립)
- 비료
- 핀셋
- 흙
- 화분

1 포기나누기용 화분을 준비한다. 화분을 가볍게 두드린 후 가장자리로 핀셋을 집어넣어 밑에서부터 들어 올리듯이 순을 끄집어 낸다.

2 순을 꺼냈을 때의 뿌리 상태.

3 뿌리의 말라붙은 흙을 손으로 턴다. 뿌리가 엉켜 있는 경우에는 조금 정리해준다.

4 뿌리를 정리한 모습.

5 이번에 나누는 포기는 새끼그루가 3개 붙어 있다. 새끼그루를 하나만 포기나누기 한다(이 그루는 4개로 나눠도 괜찮지만, 새끼그루가 너무 작으면 말라버리므로 잘 자란 새끼그루를 고르는 것이 중요하다).

6 뿌리에 상처가 나지 않도록 살살 나눈다. 새끼그루에 뿌리가 있는 경우에는 뿌리가 끊어지지 않도록 조심한다.

7 포기를 나눈 상태. 단면이 큰 경우에는 하루 정도 말린 후 심는다.

8 각각의 용기에 심으면 완성. p.12의 분갈이 방법을 참고한다.

가지치기

모아 심기를 한 화분에서 자라다 보면 종종 균형이 흐트러지기도 한다. 그럴 때 간단한 손질방법이 '가지치기'이다. p.9 '꺾꽂이' 요령과 마찬가지로 흙을 준비하지 않아도 핀셋 하나만 있으면 깔끔하게 마무리할 수 있다. 다육식물은 건조할 때 발근하므로 이 작업을 하기 일주일 전부터 물은 주지 않는다.

1 모아 심기가 성장해서 웃자란 상태.

2 아래쪽 잎을 3장 정도 남기고 잘라낸다.

3 잘라낸 부분이 긴 경우에는 더 짧게 자른다.

4 흙에 꽂기 좋게 아래쪽 잎을 제거한다.

5 잎을 뜯어낸 모습. 잎을 뜯어내지 않고 그대로 심으면 잎이 썩고 싹도 말라버린다.

6 다른 다육식물도 같은 방법으로 처리한다.

7 핀셋으로 줄기를 잡고 흙에 꽂는다.

8 균형을 맞춰가며 취향에 따라 흙에 꽂는다.

9 완성. 꽂은 후 10일 정도 물을 주지 않는다. 만졌을 때 단단해졌다면 발근한 증거이다. 그 후에는 평소처럼 관리한다.

분갈이

같은 화분에 몇 년씩 키우다 보면 새끼그루가 생겨 조금 갑갑하게 느껴진다. 또 뿌리가 화분을 둘러싸서 질병에 걸리기도 하므로 이런 경우에는 현재 화분이 들어갈 만큼 큰 화분에 분갈이를 해준다. 이 작업은 한여름과 한겨울을 피해야 하며 봄, 가을 등의 서늘한 시기가 적기이다.

준비용품
• 신문지   • 핀셋   • 삽   • 흙   • 적옥토 • 그릇   • 비료

1 지금까지 심었던 화분보다 좀 더 큼직한 그릇을 준비한다.

2 분갈이 그루를 넣어보고 위치를 가늠한다.

3 화분의 1/3 정도까지 적옥토를 넣는다.

4 적옥토가 가려질 정도로 흙을 넣고 원비로 비료를 한 움큼 추가한다.

5 포기를 넣고 높이를 본다. 낮은 곳은 흙을 좀 더 넣어 조절한다.

6 높이가 결정되면 포기를 넣고 한손으로 누르면서 주변에 흙을 넣는다.

7 흙을 다 넣었으면 포기를 누르고 가볍게 화분을 탁탁 두드려 흙의 빈틈을 채운다.

8 균형을 잡으며 흙을 더 넣는다.

9 취향에 따라 화장석 등을 장식한다. 물을 주면 완성.

다육 식물의 질병과 해충

쉽고 간단하게 키울 수 있는 다육식물이지만 질병이나 해충으로 고생하는 경우가 종종 있다. 질병에 걸리거나 해충을 방치하면 아무리 튼튼한 다육식물이라고 해도 마르거나 썩을 수 있는 만큼, 다육식물을 키우면서 조심해야 할 질병과 해충, 그리고 대처법을 소개한다.

병해충	증상과 원인	대처법
실상균	실처럼 생긴 곰팡이 같은 것이 그루에 끼는 것인데 방치하면 썩어서 시든다. 흙이 다습하거나 통풍이 잘 안 되는 곳에 방치하면 발생한다.	균이 부착된 부분을 제거하고, 물로 씻어낸 후 잘 말린다. 다이센, 타로닐 등의 약제를 살포.
흑부병	줄기나 뿌리 등이 검게 변색하고, 물러지면서 점차 번진다. 흙이 다습하거나 통풍이 잘 안 되는 곳에 방치하면 발생한다.	변색된 부분을 잘라내고 말린다. 다이센, 타로닐 등의 약제를 살포.
흑반병	잎이나 줄기에 검은 반점이 생기고 퍼지면서 곰팡이가 슨 것처럼 된다. 약하거나 통풍이 잘 안 되는 곳에 방치하면 감염된다.	전염이 심한 경우에는 다른 포기에까지 감염되므로 버린다. 다이센, 타로닐 등의 약제를 살포.
뿌리썩음병 갈색뿌리썩음병	줄기나 뿌리 등이 다갈색으로 변색되고, 물러지다가 점차 번진다. 통풍이 잘 안 되는 곳에 방치하거나 몇 년씩 분갈이를 하지 않을 때 발생한다.	변색된 부분을 잘라내고 말린다. 다이센, 타로닐 등의 약제를 살포.
빨간 진드기	몸길이 0.5mm 정도의 빨간 벌레. 그루에 부착해서 즙을 빨아먹고 생육을 방해하고 병원균을 매개한다. 갉아 먹힌 부분은 다갈색이 된다.	발견하는 대로 죽인다. 잎진드기 전용 방제제를 살포한다.
진딧물	몸길이 1~2mm 정도의 녹색이나 검정색의 작은 벌레. 어린 잎줄기나 새순에 무리지어 즙을 빨아먹고 생육을 방해한다. 병원균을 매개한다.	발견하는 대로 죽인다. 알루미늄호일처럼 반짝거리는 것을 옆에 둔다. 전용 약제를 살포한다.
개각충	몸길이 1.5mm 정도의 크기. 그루에 부착해 즙을 빨아먹으며 생육을 방해하고 병원균을 매개한다.	발견하는 대로 죽인다. 말라티온 유제, 올트란 수화제 등의 약제를 살포.
벚나무 깍지벌레 (개각충과)	유충은 2mm 정도의 크기이고, 성충은 실로 덮여 있다. 즙을 빨아먹으며 생육을 방해하거나 병원균을 매개한다.	발견하는 대로 죽인다. 말라티온 유제, 올트란 수화제 등의 약제를 살포.
민달팽이	그루를 갉아먹거나 병원균을 매개한다.	발견하는 대로 죽인다. 민달팽이 전용 방제제를 살포한다.
뿌리혹선충	1mm 이하의 아주 작은 벌레. 뿌리에 들어가 양분을 흡수해 지상에서 원인도 없이 생육이 나빠지며 뿌리에 혹을 만든다.	혹이 생긴 뿌리는 잘라낸다. 메리골드(허브)는 선충류를 쫓는 효과가 있다. 전용 약제를 살포한다.
솜깍지벌레	몸길이 1mm 정도의 흰 가루로 덮여 있는 벌레. 뿌리에 붙어서 즙을 흡수하여 생육을 방해한다. 또 병원균을 매개한다.	포기나누기를 할 때에 뿌리를 깨끗이 씻는다. 말라티온 유제 등의 약제를 살포.
잎진드기	몸길이 0.5mm 정도의 벌레. 실을 뽑아내는 등 종류는 다양하다. 그루에 부착해 즙을 흡수하면서 생육을 방해하고 병원균을 매개한다.	발견하는 대로 죽인다. 엽수 등을 정기적으로 행한다. 잎진드기 전용 방제제를 살포한다.
거염벌레	낮에는 흙속에 숨어 있다가 밤에 기어나와 잎이나 꽃을 갉아먹는다.	발견하는 대로 죽인다. 오트란 등의 약제를 살포한다.

다육식물의 단풍

가을의 풍물시(風物詩)라고도 할 수 있는 식물들의 단풍. 그런데 다육식물에게도 이 단풍이 있다! 여름까지 푸릇푸릇하게 자라난 다육식물도 급격히 기온이 내려가는 겨울 길목에서 다른 식물과 마찬가지로 잎의 색깔이 바뀐다. 빨갛게 물들거나 옅은 핑크색과 녹색의 그러데이션으로 단풍이 든 다육식물은 평소보다 한층 귀여우며. 아름다운 색 배합은 식물이라는 사실을 잊어버릴 정도이다. 다육식물의 단풍 시기는 11월~3월 사이이다. 다육식물에게 햇볕을 잘 쬐어 아름답게 단풍을 들여보자.

아름답게 단풍을 들이려면

아름답게 단풍을 들이는 비결은 햇빛에 많이 노출시키는 것이다. 전반적으로 다육식물은 햇빛을 좋아하므로 가능한 장시간 빛을 쬐어주는 것이 좋다. 반대로 해가 들지 않는 실내에서 관리하면 녹색으로 변한다. 물주기는 '잎에 주름이 생기면 흙 전체가 젖을 정도'가 좋다. 구멍이 없는 화분은 물을 너무 많이 주면 뿌리가 썩는 원인이 되므로 용기를 옆으로 기울여 여분의 수분을 따라낸다. 여름에는 아침저녁으로 서늘한 시간대에, 겨울에는 해가 있는 따뜻한 시간에 물을 준다. 또 추위를 접하지 않으면 아름다운 색이 나오지 않으니, 겨울철 실내에서 관리하는 경우에는 기온이 낮은 창가에 둔다.

데이비

대화금

메비나

에그리원

도미인

하나우라라

롱기폴리움

치와와엔시스

가을의 서리

꽃뗏목

피치프리데

정야

다육식물

봉긋하고 귀여운 잎 종류만이 아니라 '이것도 다육식
물이야?'라는 생각이 들 정도로 다육식물의 종류는 다
양하다.
모양도 바꿀 수 있거니와 재배 방법에도 각양각색의 사
이클이 있다. 그래도 같은 속의 재배 방법은 거의 비슷
하므로 속별로 나누어 특징과 재배 방법을 알아보자.

카탈로그 페이지는 각 다육식물의 1년간을 아래와 같은 아이콘
으로 표기했다. 화분 속의 숫자는 월을 나타낸다.
재배하는 데 참고하자.

휴면기　　성장기　　개화기　　감상기

잎이 가늘고 길며 녹황색이다. 줄기가 갈색 털로 덮여 있다. 목립형
신상곡 아드로미쳐스

작고 수수하지만 개성 때문에 환영받는 품종

아드로미스쿠스속 Adromischus

잎이 잘 떨어지지만, 떨어진 잎에서 쉽게 순이 나기 때문에 잎꽂이로 간단히 증식할 수 있다. 잎에 희한한 무늬가 있는 품종이나 줄기에 털이 나 있는 품종 등 다양하다. 소형종이 많고 성장도 느린 만큼 콤팩트한 컬렉션을 원하는 사람에게 추천한다.

| 1 | 2 | 3 | 4 | 5 | 6 | 7 | 8 | 9 | 10 | 11 | 12 |

원산지	남아프리카
증식 방법	잎꽂이, 꺾꽂이
TIP	서늘한 시기가 성장기이다.

재배 POINT

더위에 약하므로 여름에는 통풍이 잘 되는 그늘에서 쉬게 한다. 단 물을 적게 주면 여름을 쉽게 나고, 추위에도 강해서 쉽게 키울 수 있다. 휴면기에는 푹 쉬면서 생장하지 않으므로 성장기에 물을 잘 줘서 큰 그루로 만든다.

트리기나스
잎에 얼룩덜룩한 무늬가 있고 1년 내내 붉은 기를 띤다. 햇빛이 강하면 색이 강하게 나온다.

영락
줄기의 텁수룩한 녹색 주름이 개성. 목립형으로 자란다.

백도
투명한 느낌이 있는 연두색 잎. 꽃이 잘 피고 아름답다. 여름에 약하다.

송충
새순이 붉어지고, 단단하고 두툼한 잎이 밀집한다.

17

잎이 마치 꽃과 같아서 한 송이만 꽂아도 존재감이 크다.

아에오니움속 ^eonium

↑	↑	❀	Y	Y	↑	Y	↑	↑	↑	Y	↑
1	2	3	4	5	6	7	8	9	10	11	12

원산지　　북아프리카

증식 방법　꺾꽂이

TIP　서늘한 시기가 성장기이다.
　　　　개화기는 3월경이다.
　　　　꽃이 피면 그 축은 시든다.

밑에서부터 차례대로 시들어 위쪽에만 잎이 달린 초자가 개성적이다. 잎의 색깔, 모양이 다양해서 잎이 떨어진 줄기의 모양도 재미있다. 대형종, 소형종 등 종류가 다양한 것도 매력. 꽃이 피면 그 축은 시들어버린다. 꺾꽂이로 간단히 증식할 수 있다.

☀ 재배 POINT

추위와 더위에 약하고, 휴면기에는 잎이 다 떨어져 쓸쓸한 느낌이 든다. 한여름에는 물주기를 멈추고 통풍이 잘 되는 그늘에서 휴식기를 갖는다. 하지만 봄이나 가을 등 성장기에는 멋진 성장을 보인다. 햇빛이 부족해지기 쉬우므로 성장기에는 실외에서 관리한다.

흑법사

잎이 검고 존재감이 있으며, 성장하면 상당히 큰 사이즈가 된다. 일광이 약하면 녹색이 된다.

선동창

소형종이지만 자라면 목질화하여 작은 나무 같은 모습이 된다. 잎에 점착질이 있고 여름에는 휴식한다.

석영

봄~가을에 녹색잎 끝에 아름다운 분홍색이나 노란색이 나타난다. 자연스럽게 잘 분기해서 멋진 그루가 된다.

선버스트

잎의 외반이 아름다운 종. 다른 것에 비해 성장이 느리고, 차분하게 자란다. 분기하는 일은 거의 없다.

왼쪽 위부터 시계 방향으로
취상 / 길상천금 / 뇌신

잎 끝이 매우 날카롭지만 로제트 모양으로 펼쳐지는
잎의 조형이 아름답다.

아가베속 Agave

↑↑↑YYYY❀❀YYY↑
1 2 3 4 5 6 7 8 9 10 11 12

원산지　　미국, 멕시코
증식 방법　포기나누기

TIP　성장기는 더운 시기이다.
　　　개화기는 여름이 중심이지만 화축은 1년 정도
　　　산다.

개화연령은 20년에서 100년에 이르는 것까지 다양하
며, 비교적 수명이 긴 품종이지만 꽃은 평생 한 번밖에
피지 않는다. 개화하면 어미그루는 시들고, 주변의 새
끼그루만 살아남는다. 이 속 중에서 용설란은 데킬라의
원료로 유명하다. 잎 끝에 가시가 있어 조심스럽게 다
루어야 한다.

✿ 재배 POINT

튼튼한 품종이 많으므로 겨울에만 실내에서 관리한다.
물을 저장할 수 있는 탱크가 크기 때문에 다른 품종에
비해 물을 적게 줘도 된다. 아래쪽 잎부터 시드는데, 끝
부분에서 중앙으로 칼날을 넣고 가르듯이 힘을 가하면
시든 잎을 쉽게 떼어낼 수 있다.

앵취설

파스텔톤 그러데이션이 인기 요인

아나캄프세로스속 Anacampseros

↑ ↑ Y Y ❀ ❀ ❀ ❀ ❀ Y Y ↑
1 2 3 4 5 6 7 8 9 10 11 12

원산지 남아프리카
증식 방법 잎꽂이, 꺾꽂이
TIP 개화기는 비정기적이다.

꽃이 피면 자가수분으로 열매를 맺고, 씨앗이 흘러내려 자연스럽게 증식한다. 잎꽂이나 꺾꽂이도 가능하다. 작은 순을 키우는 것도 재미있고, 꽃이 아름다운 종류도 많다. 신체 사이즈로는 상상할 수 없는 커다란 꽃을 피운다. 줄기에 하얀 털이 조금 달리는 것이 특징이다.

⭐ 재배 POINT

추위에도 강하고 매우 튼튼해서 1년에 2회 정도 분갈이를 해주면 잘 자란다. 빨리 성장시키고 싶다면 분갈이를 자주 해준다. 하지만 반점이 있는 것은 약하고 성장이 느리므로 여유를 가지며 키운다. 빛을 잘 쬐어주고, 잎에 주름이 생기면 물을 주는 것이 좋다.

21

종류가 매우 많아 종류별로 키우는 재미가 있고 키우기도 쉽다

알로에속 Aloe

| 1 | 2 | 3 | 4 | 5 | 6 | 7 | 8 | 9 | 10 | 11 | 12 |

원산지 남아프리카

증식 방법 꺾꽂이, 포기나누기

TIP 서늘한 시기가 성장기이다.
개화의 중심은 1월부터 5월 정도인데, 품종에 따라 상당한 차이가 있다.

손바닥만큼 작은 사이즈부터 키를 훌쩍 넘는 나무만큼 큰 품종까지 다양하다. 또 아래쪽 잎이 마르고 위로 뻗어가는 목립형과, 새순을 많이 내고 군생하는 품종이 있다. 잎이 손상되면 즙이 나와 거뭇해지고 썩게 되므로 주의한다.

재배 POINT

전반적으로 튼튼한 것이 많아서 재배도 손쉽다. 물을 너무 많이만 주지 않으면 실패하지 않지만, 또 물이 부족하면 잎 끝이 말라서 불균형하게 자라기도 한다. 꺾꽂이로도 증식시킬 수 있지만, 번식을 위한 적심*은 더운 시기를 피해서 하는 것이 좋다.

* 줄기 끝에 있는 성장점을 제거해 곁순을 증식시키는 작업.

비취전

추운 시기에는 더 노랗게 단풍이 든다. 목립해서 자란다. 추위에 약하므로 주의요망.

베라

가장 인기 있는 알로에. 크기가 작을 때에는 사진과 같은 모습. 추위, 더위에 강하고 키우기도 쉽다.

수퍼스노우

아름다운 핑크색으로 단풍이 물든다. 목립하지 않고, 옆에 새끼그루를 만들어 멋지게 군생한다.

덴티티

디스코인시와 하워시오이데스의 교배종. 가시가 날카로우며 콤팩트한 로제트가 아름답다. 소형종.

용산

아름다운 푸른색. 단풍이 들 때에는 살짝 분홍색이 된다. 키가 크게 자라지 않고 커다란 로제트가 된다.

천대전금

반점 무늬가 아름다운 잎은 매우 두툼해서 확실한 로제트를 전개한다. 꽃도 잘 피고 아름답다.

23

위부터
소공자/축전/옥전/구적

치아 모양의 신비로운 다육

코노피툼속 Conophytum

Ψ Ψ Ψ Ψ Ψ ↑ ↑ ↑ ✿ ✿ Ψ Ψ
| 1 | 2 | 3 | 4 | 5 | 6 | 7 | 8 | 9 | 10 | 11 | 12 |

원산지　**남아프리카**
증식 방법　**삽목, 파종**

휴면기에는 마른 껍질로 뒤덮여 시든 것처럼 보이지만 휴면에서 깨면 마른 껍질을 벗고 탈피해서 꽃을 피운다. 전년에 꽃이 한 송이 피었던 것은 두 머리로, 두 송이 피웠던 것은 세 머리로 분구한다. 꽃이 피지 않았던 것은 그대로 분구하지 않고 하나만 머리를 낸다. 품종에 따라 꽃이 정해져 있는 것이 특징이다.

◆ 재배 POINT

성장기에는 물을 거르지 말고 휴면기에는 완전히 단수해서 푹 쉬게 한다. 9월에는 반드시 분갈이를 해줘야 성장이 빠르다. 이때 번식용으로 포기나누기를 하면 된다. 포기나누기는 줄기가 손상되지 않도록 자른다. 생육 중에는 항상 빛을 받게 한다.

나마크엔시스

잎 끝이 둥글게 말리는 다육

알부카속 Albuca

원산지　　남아프리카
증식 방법　분구
TIP　　한여름에는 쉰다.

언뜻 실파처럼 보이지만 겨울에는 잎 부분이 전부 떨어져 지상에는 아무것도 없는 상태가 된다. 컬된 잎 끝 등 재미있는 품종이 많으며 봄에는 화축이 올라와 밑에서부터 차례대로 꽃이 핀다.

재배 POINT

성장기는 봄이므로 분갈이는 겨울부터 초봄까지 끝내도록 한다. 추위와 더위에 강하고 키우기도 쉽다. 빛을 잘 쬐어주지 않으면 잎 끝의 컬이 풀리므로 일 년 내내 일광욕을 잘 시켜줘야 한다. 성장기에는 물을 확실하게 주고, 휴면기에는 단수한다.

창각전

마치 양파 속에서 핀 아스파라거스 같은

보위에어속 Bowiea

원산지　남아프리카
증식 방법　분구

양파처럼 휴면기인 겨울에는 구근만 남았다가 봄이 되면 아스파라거스 같은 덩굴이 뻗어 나온다. 번식 방법이 특이하다. 구근을 4등분하여 인편을 한 장씩 벗긴 후 각각 땅에 꽂아 새끼그루를 증식시킨다. 어려운 방법이므로 초심자는 피하는 것이 좋다.

★ 재배 POINT

잎이 나오는 기간에만 물을 주고 구근만 있을 때에는 거의 주지 않는다. 휴면기에는 물을 주지 않기 때문에 성장기에 충분히 줘서 구근을 크게 만든다. 구근이 작은 경우에는 적수량이 적다는 뜻이므로 물을 자주 준다.

파가로이데스^{Bursera fagaroides}

이것도 다육식물? 잎에서 나는 향기가 특징

부르세라속 ^{Bursera}

1 2 3 4 5 6 7 8 9 10 11 12

| 원산지 | 북아메리카 |
| 증식 방법 | 꺾꽂이 |

위의 사진처럼 잎이 없는 시기에는 매우 건조한 기후에도 강하다. 줄기가 술병처럼 굵고, 외피가 바오밥처럼 덩굴져 있는 모습이 특징이다. 또 잎에서 후추 같은 향기가 난다. 휴면기에는 잎이 전부 다 떨어지고, 성장기에는 새순이 돋아 성장한다.

재배 POINT

여름 동안에는 일반 나무를 키우듯이 관리하면 된다. 즉 서리가 내리지 않는 계절에는 바깥 정원에서 식수처럼 키우면 잘 자란다. 그러다 서리가 내리기 전 뽑아서 화분에도 심지 말고 그대로 하우스 안이나 실내로 들여놓은 뒤 봄까지 내버려둬도 된다. 화분에 심는 경우에는 물을 주지 않고 관리한다.

러브체인

잎 모양과 꽃이 개성 가득!

세로페기아속 Ceropegia

↑ ↑ Y Y ✿ ✿ ✿ ✿ ✿ ↑ ↑ ↑
1 2 3 4 5 6 7 8 9 10 11 12

원산지 **남아프리카**
증식 방법 **꺾꽂이**
TIP 개화기는 품종에 따라 다소 차이가 있다.

잎이 매우 작은 것이 이 품종의 특징이다. 줄기 부분에서 광합성이 활발하기 때문에 줄기에 빛을 확실하게 쪼이며 관리해야 한다. 덩굴성이며 잎 모양이 개성적이다. 꽃의 형태도 특이한데, 초심자도 간단히 피울 수 있다. 유명한 품종으로 러브체인이 있다.

❀ 재배 POINT

대부분의 품종이 여름형인데 덩굴성인 것(천사귀, 박운 등)은 살짝 그늘에서 관리한다. 구근에서 덩굴성이 돋아난다. 증식 방법은 이 구근을 이식하는 것이다. 성장기에는 물을 조금 많이 주는 것이 좋다. 휴면기에도 완전 단수 대신 물을 조금씩 준다.

구갑용

거북이 등껍질에서 뻗어 나오는 덩굴

디오스코레아속 Dioscorea

아메리카산

1	2	3	4	5	6	7	8	9	10	11	12

멕시코산

1	2	3	4	5	6	7	8	9	10	11	12

원산지　**남아메리카**
증식 방법　**파종**

구근은 거북이의 등딱지처럼 생겼지만 덩굴과 잎은 참마(마)와 비슷하다. 구근의 모양이 재미있어 인기 있는 품종이다. 성장이 느리기 때문에 성장한 시판품은 고가이다. 아메리카산과 멕시코산이 있으며, 성장 사이클이 정반대이므로 각별한 주의가 필요하다.

● 재배 POINT

잎이 있는 계절에만 물을 준다. 덩굴이 많이 자라므로 지주를 감아 올라가면 주변이 복잡하지 않고 장소를 절약할 수 있다. 잎을 무성하게 해주어야 이듬해의 성장을 촉진하므로 어수선하다고 덩굴을 자르는 것은 좋지 않다.

29

도톰한 잎이 사랑스러운

코틸레돈속 Cotyledon

원산지 　남아프리카
증식 방법 　꺾꽂이

TIP　개화기는 품종에 따라 다소 차이가 있다.

위에서 보면 잎이 나오는 방식이 열십자⁺이다. 90° 회전해서 번갈아 잎이 나온다. 칼랑코에 꽃도 열십자(꽃잎이 4장)로 피는데, 그에 반해 코틸레돈 꽃잎은 5장으로 오각형이 된다. 코틸레돈은 꽃이 매우 커서 보는 재미가 있고 꽃을 피우기 쉽다는 점도 포인트이다.

재배 POINT

꿩의비름과 중에서는 키우기 쉬운 편이지만, 백미 등 최근 만들어진 품종은 더위에 약한 듯하다. 하지만 더위에도 강하고 옥외에서 겨울을 넘길 수 있는 것도 많이 있다. 하얀 가루가 묻어 있는 품종은 특히 햇빛을 좋아하니 햇빛을 잘 쬐어주도록 한다.

자묘조

고양이의 발톱처럼 생긴 잎 모양에서 이름이 지어졌다. 잎이 가늘고 길고 작다. 공동자 잎의 녹색 발톱이 5개인데 비해 자묘조의 발톱은 3개.

오비큘라타

하얀 가루가 묻어 있고, 단풍기에는 녹색만으로 깔끔하게 단풍이 든다. 키가 크고 목립화된다.

웅동자

새끼 곰이 손을 모은 것처럼 보인다고 해서 붙은 이름이다. 전체가 털로 덮여 있어 뽀송뽀송하고 도톰하다.

은피금

잎의 프린지(주름)가 껍질 같다. 새하얗게 가루가 묻어난 잎 때문에 붙여진 이름이다. 목립형이며 크게 성장한다.

복랑

잎이 둥글고 잎 전체에 하얀 가루가 묻어 있다. 단풍이 들 때 테두리만 확실하게 붉어진다. 소형종이며 군생한다.

31

개성적인 모습에 멋진 단풍을 보여주는

크라슐라속 ^{Crassula}

대부분의 품종이 칼랑코에, 코틸레돈과 마찬가지로 잎이 열십자 모양이며 대신 이쪽이 훨씬 더 정사각형에 가깝다. 꽃은 다섯 잎이며 향이 있는 것이 특징이다. 품종이 많은 속인데, 이 속만으로도 매우 다양하고 멋진 컬렉션이 가능하다. 아름답게 단풍이 드는 품종도 다수.

| 1 | 2 | 3 | 4 | 5 | 6 | 7 | 8 | 9 | 10 | 11 | 12 |

| 원산지 | 남아프리카, 동아프리카 |
| 증식 방법 | 꺾꽂이 |

TIP 개화기는 품종에 따라 다소 차이가 있다.

재배 POINT

대부분 여름에 약하므로 겨울 동안 키우듯이 한다. 여름에는 물주기를 중단하고 통풍이 잘 되는 곳이나 베란다 등 차광이 되는 곳에 두며 선풍기 등으로 바람을 쐬어주면 좋다. 무더위에 약하므로 봄이 아니라 가을에 꺾꽂이하는 것이 좋다.

레모타

표면이 털로 덮여 있다. 작은 잎이 덩굴처럼 뻗어가 포복하며 자란다. 단풍기에는 아름다운 보라색으로 물든다.

브레비폴리아

잎이 두툼하고, 잎과 잎 사이의 간격이 확실하게 자리 잡으며 자란다. 단풍기에는 녹색이 빨갛게 물든다.

워터메이에리

단풍기에는 아름다운 붉은색으로 물든다. 잎 표면은 산모로 덮여 있다. 꽃이 잘 피고 잘 자란다.

언성

매우 두툼한 연두색 잎이지만 테두리가 노란색을 띤다. 성장은 느리지만 밝은 잎사귀 색은 모아 심기에 최적.

신동

연한 녹색의 잎에서 아름다운 분홍색의 꽃이 핀다. 아름답고 피우기 쉬운 꽃이라서 인기.

불꽃축제

따뜻한 시기에는 녹색, 단풍이 들면 선명한 빨간색 때문에 모아 심기가 화려해진다. 햇빛을 좋아한다.

아이보리 파고다

표면이 짧은 솜털로 덮여 있다. 성장은 느리지만 새끼그루를 많이 틔워 군생한다.

신도

칼날 같은 모양 때문에 신도라고 한다. 물이 중단되지 않도록 키우면 보다 싱싱한 질감이 된다.

모건뷰티

성장이 매우 느린 소형종. 초봄이 되면 중심 부분에 아름다운 핑크색 꽃을 피운다.

화제광

화제에 반점이 들어간 것. 단풍이 들 때에는 분홍색이 강해져 더욱 화려해진다.

남십자성

아름다운 반점이 있는 별 시리즈. 잎은 두툼하지 않지만 노란색과 분홍색으로 단풍 드는 모습이 아름답다. 위로 성장한다.

화춘

작은 키에 옆으로 군생한다. 아련한 향기를 간직한 꽃이 잘 피어난다.

푸베켄스

털로 덮여 있는 작은 잎은 떨어지기 쉬운 만큼 잎꽂이도 간단하다. 꽃은 작지만 화수가 길게 핀다. 고온다습의 무더위에 약하다.

고람

우주목이라고도 하며 개성 강한 모습이 인기. 금성의 나무와 비슷한 형태가 된다.

천구지무

단풍기에는 초록색 잎이 노란색이나 빨간색으로 물든다. 성장이 빠르고 큰 화분에서 키우면 멋지게 군생한다.

로게루시

잎이 털로 덮여 있다. 단풍기에는 둥그런 잎이 빨갛게 물든다. 따뜻한 시기에는 녹색. 군생한다.

수주성

네모난 잎이 줄기에 빽빽하게 연결된 모습이 개성적. 위로 뻗어 나가다 쓰러지면 거기서 다시 곁순이 나서 군생한다.

은배

두툼하고 가느다란 잎이 로제트 모양으로 전개된다. 잎 표면이 거칠면서도 매트한 질감이 특징이다.

소야의

성장이 느리다. 십자로 된 잎이 아름답게 포개진다. 잎 표면은 무늬로 덮여 있으며 중심 부분에서 화수가 나와 꽃이 핀다.

금성의 나무

오래 전부터 인기가 많은 종류. 크게 성장하면 줄기가 확실하게 굵어져 나무 같은 모습이 된다.

홍치아

따뜻한 시기에는 작은 녹색 잎이라 마치 잡초처럼 보이지만, 단풍이 들면 새빨갛게 물들면서 꽃이 피어 주목받는다.

살멘토사

아름다운 반점 무늬가 있는 잎. 단풍이 들 때에는 줄기가 새빨갛게 물들어 잎의 노란색과 이루는 대조가 아름답다.

히메신도

신도의 소형종. 오른쪽, 왼쪽으로 잎을 펼치며 자란다. 화수가 뻗어 피는 모습은 한 폭의 그림 같다.

꽃처럼 잎이 펼쳐지는 모습이 아름다운

에케베리아속 <small>Echeveria</small>

| 1 | 2 | 3 | 4 | 5 | 6 | 7 | 8 | 9 | 10 | 11 | 12 |

원산지　아프리카, 중남미

증식 방법　잎꽂이, 꺾꽂이.

TIP　대부분 쉬지 않지만, 더위에 약한 것은
여름에 단수하고 쉬게 하는 것이 좋다.
개화기는 비정기적

품종이 매우 많은데 크게 나누어 대형 양배추형과 도톰한 로제트형이 있다. 로제트형은 잎꽂이가 간단하고, 대형 양배추형은 잎꽂이를 할 수 없기 때문에 축이 어느 정도 뻗으면 잘라서 다시 꽂으면 형태가 정돈된다. 또 주변의 아랫 부분에서 나오는 새끼그루나 꽃순의 축을 자르면 나오는 새끼그루를 번식용으로 쓴다.

재배 POINT

모두 빛을 좋아하므로 햇빛을 잘 쬐어준다. 성장이 빠르고 차례차례 마르는 하엽을 부지런히 떼어내지 않으면 곰팡이가 생기고 시들 수 있으니 항상 마른 잎을 떼어내고 청결을 유지하도록 한다. 습도 높은 무더위에 약하므로 통풍을 잘 시키고 단수하고, 살짝 차광을 해준다.

노바라노세이

잎 끝에만 붉게 단풍이 들어 섬세한 분위기. 정야와 비슷하지만 이쪽이 좀 더 대형이다. 습도 높은 무더위에 약하다.

프레린제

가을부터 굵고 도톰해진다. 단풍이 들 때의 핑크색 배합 때문에 팬이 많다. 별명은 라우린제. 습도 높은 무더위에 약하다.

백봉

비교적 큰 로제트가 되고, 나무처럼 자란다. 파란색 잎 주변이 흰색, 분홍색으로 단풍이 든다.

봄비시나

잎이나 줄기가 산모로 덮여 있다. 줄기는 갈색으로 나무처럼 자란다. 단풍이 들 때에는 전체가 살짝 붉어진다. 습도 높은 무더위에 약하다.

파리다

밝은 노란색에 가까운 색으로 단풍이 든다. 목립형이며 하엽을 떨구고 위쪽 방향으로만 큰 로제트를 전개한다.

핑키

아름다운 분홍색으로 단풍이 든다. 습도 높은 무더위에 매우 약하고 좀처럼 커다란 그루로 자라지 않는다.

정야

여름에는 작고 말라비틀어진 듯 보이는데 가을이 되면 순식간에 성장한다. 습도 높은 무더위에 약하므로 여름에는 단수.

펄 본 뉴랜베르그

일 년 내내 비교적 아름다운 핑크색이다. 잎사귀 형태가 아름답고 엘레강스한 종류.

켓셀린기아나

아름다운 연두색. 도톰한 잎이 작은 로제트 모양으로. 소형종. 여름에는 휴식을 취한다.

입전금

잎사귀의 모난 듯한 느낌이 인상적이다. 성장이 느리고 문드러지기 쉬우니 주의. 단풍이 들 때의 색 배합이 아름답다. 목립형.

꽃 동백

잎이 가늘고 길어서 우아한 인상이다. 단풍기에는 잎을 중심으로 선명한 붉은색으로 물든다. 학명인 함시라는 이름으로도 출하되고 있다.

에그리원

연하고 우아한 분홍색의 단풍이 인기. 꽃이 달린 모습이 예쁘다. 습도 높은 무더위에 약하므로 너무 고온이 되지 않도록 주의한다.

치와와엔시스

소형종. 잎 끝을 향해 강한 색으로 단풍이 든다. 작고 콤팩트한 모습이 인기. 습도 높은 무더위에 주의.

토리마넨시스

전체에 하얀 가루가 뿌려져 있고, 잎 끝이 매우 샤프한 인상. 단풍이 들 때에는 전체가 핑크색이 된다. 성장이 느리다.

대화미니

잎에 무늬가 있고 단풍기에는 붉게 물든다. 비슷한 종류인 대화금보다는 잎이 연하다.

광휘전

목립형이며 윗부분에만 로제트 모양으로 잎을 펼친다. 잎에는 솜털이 있으며 성장은 느리다.

홍화장

목립형. 아래쪽 잎부터 순서대로 시들면서 위쪽으로 성장한다. 단풍기에는 빨간색에서 분홍색에 걸쳐 그러데이션이 형성된다.

골드마니

아름다운 연한 핑크색. 키는 크게 자라지 않고 로제트를 크게 전개한다. 성장은 느리다.

립스틱

목립형. 크게 로제트를 전개하고, 단풍기에는 새빨갛게 물들면서 선명해진다. 따뜻한 시기에는 녹색이 되고 잎도 작아진다.

홍일산

목립형. 로제트는 크지 않고 키가 크게 자란다. 단풍기에는 연한 색 배합이 된다.

월영

블루그린의 잎은 단풍이 들면 연한 핑크색이 된다. 키는 크게 자라지 않고 커다란 로제트가 된다.

로라

잎의 형태가 엘레강스. 단풍이 들 때에는 선명한 분홍색이 된다. 습도 높은 무더위에 주의.

브라이언 로즈

목립형. 아래쪽 잎이 순서대로 시들어가며 위로 성장한다. 단풍기에는 빨간색에 가까운 분홍색으로 물든다.

숲의 요정

목립형. 소형종이어서 작은 잎이 달린다. 아름다운 빨간색으로 물든다.

이모저모 모두 탐나는 개성파가 모였다!

유포르비아속 Euphorbia

| 1 | 2 | 3 | 4 | 5 | 6 | 7 | 8 | 9 | 10 | 11 | 12 |

원산지   아프리카, 마다가스카르

증식 방법   꺾꽂이, 파종

TIP   개화기는 품종에 따라 다소 차이가 있다.

거의 모든 품종의 수액에 독성이 있으므로, 특히 점막에는 닿지 않도록 주의한다. 손으로 만진 후에 눈을 비비면 위험하다. 수 그루와 암 그루가 따로 있는 품종도 있고, 꽃이나 잎이 작거나 개성적인 모습을 가진 것이 많다.

재배 POINT

너무 고온이 되면 약해지기도 한다. 가지치기나 분갈이 등은 한여름에는 피하는 것이 좋다. 꺾꽂이하게 위해 자르면 수액인 유액이 나온다. 절단면을 물에 넣어 살짝 흔들어 유액을 흘려보낸 후 꺾꽂이한다. 꺾꽂이는 다른 품종에 비해 시간이 걸리므로 천천히 키운다.

오베사

동그란 공 모양으로 성장한다. 표면의 무늬가 아름답다. 커지면 구체에서 위로 성장한다.

호리다

표면의 무늬가 특징. 가시처럼 꽃줄기가 남는다. 성장기에는 화경이 붉어진다.

홍채각

녹색과 빨간색 가시의 대비가 아름답다. 물을 지나치게 주지 않아야 빨간색이 아름답게 유지될 수 있다.

류리광

진한 녹색으로 개성 넘치는 모습이다. 중심 부분에 노란색 꽃을 피운다.

채운각

인테리어 선인장으로 인기가 높은 교배종. 성장기에만 잎이 달린다.

꽃기린

성장기에는 잎이 달리지만 겨울에는 떨어진다. 꽃도 자주 핀다.

41

브론즈히메

잎꽂이로 쑥쑥 번식해서 즐거운

크랍토페탈룸속 Craptopetalum

Y	Y	✿	✿	✿	✿	↑	↑	Y	Y	Y	Y
1	2	3	4	5	6	7	8	9	10	11	12

원산지 멕시코
증식 방법 잎꽂이, 꺾꽂이
TIP 한여름에는 쉰다.

일부 품종 이외엔 대부분 튼튼해서 옛날부터 농가의 처마 밑에서 자생하듯이 재배해왔다. 강한 생명력을 느낄 수 있는 속이다. 대부분의 품종은 잎꽂이로 증식할 수 있다. 분홍색 낙엽을 아름답게 즐길 수 있다.

❀ 재배 POINT

추위, 더위에 강해서 키우기 쉽다. 그중에는 1년 내내 옥외에서 키울 수 있는 품종도 있다. 성장이 빠르고 땅을 기어가는 듯한 포복성으로 번식한다. 햇빛을 잘 쪼이며 키우면 가을에는 아름다운 단풍을 보여준다. 지나치게 크게 자란 경우에는 가지치기를 하여 꺾꽂이하면 보다 콤팩트하게 기를 수 있다.

단애의 여왕

빌로드 같은 잎이 성장하는 모습이 즐거운

시닌기아속 Sinningia

↑↑↑❀YYYYY↑↑↑
1 2 3 4 5 6 7 8 9 10 11 12

원산지　　브라질
증식 방법　잎 안쪽에 상처를 내어 번식시킨다.

꽃은 휴면기 직후에 잎보다 먼저 피거나 동시에 나온다. 따라서 화기는 4월경이다. 하얀 털로 뒤덮인 빌로드처럼 폭신한 잎이 사랑스러운 종류이다. 오렌지색 꽃과의 대조도 아름다우며, 브라질이 원산지여서 브라질리안 엔델와이즈라고도 한다.

❀ 재배 POINT

휴면기에는 구근만 남게 되므로 강한 햇빛은 피하고 쉬게 한다. 구근식물이지만 잎이 있는 동안에는 물이 마르지 않게 한다. 여름의 휴면 중에도 너무 건조하지 않도록 물이끼로 표토를 덮어두는 것이 좋다. 잎이 떨어져도 시들었다고 생각하지 말고 성장기까지 지켜보도록 한다. 작은 새순이 돋아나기 시작하면 성장 재개. 이때 물주기를 개시한다.

왼쪽부터
황파/사해파

파도처럼 생긴 웨이브형 잎의 강렬한 임팩트!

파우카리아속 Faucaria

↑ ↑ Y Y ✿ ✿ Y ✿ ✿ ✿ ↑ ↑
1 2 3 4 5 6 7 8 9 10 11 12

원산지   남아프리카

증식 방법   꺾꽂이, 파종

TIP   개화기는 품종에 따라 다소 차이가 있다.

품종은 많지만 형태적으로 초자는 거의 비슷한 모습이다. 꽃의 크기가 다소 특이한 것과 백화종, 황화종이 있고, 오후 3시경에 핀다고 해서 세시초라고 부르는 것도 있다. 잎의 녹색 형상이 파도와도 같아서 파波가 붙은 이름이 많은 것 같다.

❀ 재배 POINT

매우 튼튼해서 엄동기 이외에는 옥외에서 관리해도 된다. 단 성장이 빠르기 때문에 부지런히 분갈이를 해주는 것이 좋다. 빛을 자주 쬐어주고 튼튼한 그루로 만들면 꽃도 잘 피고 아름다운 모습을 유지할 수 있다. 포기나누기 등으로 증식한다.

오십령옥

막대기처럼 생긴 잎사귀의 끝부분은 렌즈 구조

페네스트라리아속^{Fenestraria}

Y		🌼	🌼	🌼	🌼	⬆	⬆	🌼	🌼	🌼	Y
1	2	3	4	5	6	7	8	9	10	11	12

원산지   남아프리카

증식 방법 꺾꽂이

TIP 개화기는 품종에 따라 다소 차이가 있다.

학명 페네스트라리아는 창문을 의미한다. 말 그대로 잎사귀 끝이 렌즈 상태인 천공으로 되어 있고, 그곳에서 빛을 받아들이는 구조이다. 리톱스속도 그렇지만 페네스트라리아는 특히 렌즈가 뚜렷하다. 특이한 모습 때문에 인기가 있다.

재배 POINT

1년 중 대부분이 성장기로 금방 군생한다. 그루가 부드럽기 때문에 지나치게 군생하면 안에서 짓무르고 썩어서 시들 수도 있으니 계절에 상관없이 크게 자라면 포기나누기를 하고, 증식시키고 싶지 않다면 물주기를 금한다. 습도 높은 무더위에 약해서 여름 동안에는 잎이 적고 기운이 없지만 가을부터 다시 활발하게 증식하며 성장한다.

45

두툼한 잎사귀, 위주머니처럼 생긴 꽃이 귀여운

가스테리아속 ^{Gasteria}

| 1 | 2 | 3 | 4 | 5 | 6 | 7 | 8 | 9 | 10 | 11 | 12 |

원산지　　남아프리카

증식 방법　포기나누기

TIP　한여름, 너무 더우면 쉰다.

양쪽 방향으로 잎 여러 장이 포개져서 돋아난다. 다습한 기후에서 자라며 아래쪽 잎이 떨어지지 않게 키울 수 있다면 5층탑처럼 포개진 초자가 완성된다. 두툼하고 딱딱한 잎이 특징. 소형종부터 대형종까지 종류가 다양하고 풍부한 것이 매력. 포기나누기로 간단히 증식할 수 있다.

◝ 재배 POINT

연중 내내 쉬지 않고 성장하는데, 분갈이가 지체되면 뿌리가 썩을 수도 있으니 연 1회, 정기적으로 분갈이를 해준다. 또 오뚝이 모양으로 땅딸막하게 만들려면 가능한 햇빛이 잘 드는 곳에서 재배해야 하지만 햇빛이 너무 강하면 갈색으로 변색하므로 모양을 살펴보면서 조절한다.

와우

마치 소의 혓바닥처럼 생겼다. 까칠한 질감의 잎이 양쪽으로 전개된다. 성장이 느리므로 인내심을 가지고 기른다.

필란시

매트하고 두툼한 둥근 잎을 양쪽으로 전개한다. 성장이 느리다.

자보금

소형종으로 개체가 작다. 새끼그루가 많이 나와 군생한다. 자보의 반점이 들어간 것.

부사자보

살짝 회색을 띠는 매트한 잎. 연하고 절묘한 색 배합을 자랑한다.

은사자보

새하얗고 매트한 질감의 잎. 크게 자라면 로제트 모양으로 잎을 전개한다.

구로메라타

잎사귀가 두툼하며 표면에 요철이 있다. 진한 녹색에 매트하게 코팅한 듯한 질감.

왼쪽 위부터
복래옥/자훈옥/곡옥
자훈옥/일륜옥/곡옥
일륜옥/자훈옥/곡옥

돌처럼 생겨 병해충에게서 몸을 보호하는 의태식물.
탈피도 한다!

리돕스속 Lithops

Y Y Y Y Y Y Y ↑ ❀ ❀ Y Y
1 2 3 4 5 6 7 8 9 10 11 12

원산지　　남아프리카
증식 방법　꺾꽂이, 파종
TIP　개화기는 품종에 따라 다소 차이가 있다.

페네스트라리아(45쪽)처럼 천창을 만드는 종류인데, 천창에 다양한 무늬가 있는 것이 특징이다. 색깔이나 형태가 다양하고 많은 품종이 있다. 탈피를 하고 새로운 구조로 변하는 동물적인 식물이라고도 할 수 있다. 연 1회 탈피가 기본이지만 여러 번 하는 경우도 있다.

● 재배 POINT

여름의 고온다습한 더위에 약하므로 통풍이 잘 되는 곳에서 가능한 서늘하게 관리한다. 선풍기 등을 사용해도 된다. 가을에서 봄에 걸쳐 성장하며 이때는 물을 잘 주어 통통하게 키우고, 여름 동안에는 물주기를 멈추고 쉬게 한다. 빛이 부족하면 웃자라서 약한 그루가 되어 결국 시들게 된다.

미유모만년청

양쪽으로 둥근 잎을 날개처럼 펼치는,
수수하지만 귀여운 모습에 치유받는다.

헤만투스속 Haemanthus

Y Y Y Y Y ↑ ↑ ↑ ✿ ✿ Y Y
1 2 3 4 5 6 7 8 9 10 11 12

원산지　　남아프리카

증식 방법　분구

TIP 휴면기에 적화계, 콕키네우스 등은
잎이 떨어지고 구근만 남는다.

가을에 꽃이 피고 그 후부터 성장을 시작한다. 꽃이 눈
썹 모양을 닮았다고 해서 붙은 이름이다. 백화종과 적
화종이 있다. 꽃이 아름다워서 주목받는데, 잘 보면 잎
표면에도 털이 나 있다. 단순면서도 심플한 모습에서
멋이 느껴진다. 만년청으로 통한다.

▶ 재배 POINT

피안화와 마찬가지로 가을에 꽃이 피고 여름에는 구근
만 남아 휴면하는 것이 많기 때문에 겨울 동안에 키운
다. 잎이 시들면 가위로 잘라준다.

49

잎 끝에 렌즈 구조가 있는 종류가 다수

하월시아속 Haworthia

| 1 | 2 | 3 | 4 | 5 | 6 | 7 | 8 | 9 | 10 | 11 | 12 |

원산지　남아프리카
증식방법　포기나누기

잎 끝이 렌즈 구조로 되어 있어 스스로 빛을 모아 체내에 받아들여 동화작용을 하는 진화된 품종이다. 잎 끝의 렌즈 같은 투명감이 아름다워서 인기가 많다. 교배가 잦아 원종이 아닌 교배종이 많기 때문에 종류 구분이 어렵기도 하다.

★ 재배 POINT

강한 빛이 아니라 부드러운 빛에서 자란다. 하지만 사람마다 느끼는 정도가 다르므로 모습을 살펴보면서 물주기나 빛을 조절한다. 갈색으로 물드는 이유는 물이 부족하거나 빛이 강하기 때문이다. 잎이 본래보다 크게 자란다면 물이 너무 많거나 빛이 부족한 것이다. 잎이 딱딱한 종류가 강하다고 할 수 있다. 물은 1년 내내 준다.

쵸베리바

잎의 무늬가 뚜렷해서 아름답다.

쿠페리

잎 끝에 렌즈가 있다.

경화금

아름다운 녹황색 꽃. 잎 끝에 살짝 투명감이 있다.

스브리기다

강한 빛을 쬐고, 비료를 조금 적게 주면 빨갛게 단풍이 든 것처럼 된다.

정고

옥선의 교배종. 잎 끝이 옥선보다 얇고 로제트 모양으로 성장한다.

카피르드리프텐시스

교배종. 잎이 가늘고 짧다. 반점도 새하얗고 검은 바탕에 비친다.

백접

백색의 반점이 있다. 노란색과 흰색으로 밝은 이미지. 모아 심기에 사용하면 포인트가 된다.

곡수안

소형종으로 콤팩트하고 귀엽다.

옵튜사

소형종. 잎 끝이 둥글고 밝은 녹색으로 인기! 새끼그루를 잘 만들어 군생한다.

보초

두툼한 잎으로 로제트를 전개시킨다. 잎의 표면에는 투명감이 있다.

설화

밝은 그린. 부드러우면서도 거칠한 질감의 표면이 특징이다.

레튜사

잎이 길고 끝 표면이 납작하며 렌즈가 있다.

송상

십이권보다 잎이 굵고 반점 무늬가 있다. 추위를 접하면 빨갛게 단풍이 든다.

십이지권

옛날부터 인기가 많았다. 강한 성질 때문에 정원 등에서 흔히 볼 수 있는 종류.

브라우니아나

밝은 녹색 잎을 달고 자라난다. 잎에 요철이 있고 반점 무늬를 띤다.

화경

잎이 작고 콤팩트한 로제트. 새끼그루를 잘 만들어 군생한다.

만테리

잎 끝의 커트가 색다른 종. 진한 녹색이며 잎 끝에 렌즈가 있다. 교배종.

강호회권

밝은 노란색을 띤 그린. 잎 끝에 살짝 투명감이 있다. 경화금보다 잎 끝이 샤프하다.

옵튜사 교배종
잎이 전체적으로 둥글고 봉긋하다. 아름다운 연두색 잎을 갖고 있다.

스플렌데스
파충류 같은 질감을 가졌다. 색 배합이 개성적이며 잎 표면의 형태가 그로데스크해서 재미있다.

보르시
잎 끝이 렌즈처럼 되어 있어 아름다우며 큰 로제트가 된다. 성장은 느리다.

렌즈 구조

하월시아 품종은 크게 잎사귀가 부드러운 타입과 딱딱한 타입으로 나뉜다. 부드러운 타입의 잎사귀 끝에는 대부분 투명한 렌즈 구조가 있는 것을 아시는지? 이렇게 독특한 하월시아의 원산지를 안다면 그 구조가 이해될 것이다. 보통 식물은 온몸으로 일광욕을 하지만 하월시아는 덥고 비도 별로 내리지 않는 곳에서 서식하기 때문에 일반적인 식물처럼 생육하면 수분이 바로 증발해서 말라버릴 것이다. 또 물을 원하는 동물에게 발견되면 바로 먹혀서 멸종할 확률이 크기 때문에 땅속을 파고들어가 숨는다. 하지만 그로 인해 햇빛의 양이 부족해서 광합성을 하지 못하면 살 수 없으므로 잎의 정면에 렌즈 구조를 만들고, 그 렌즈만 땅 위로 내놓아 빛을 체내로 받아들이는 광합성을 하며 살고 있다. 일부 하월시아 종류뿐만 아니라 리돕스속이나 페네스트라리아속 등도 이와 같은 구조를 갖고 있다. 따라서 현지에 비해 빛의 양도 약하고 다습한 일본이나 한국에서는 잎 끝만 내놓는 모습의 하월시아는 재배하기 어렵다.

산호유동

산호처럼 생긴 꽃이 아름답다. 잎도 크고 박력 있다!

자트로파속 Jatropha

↑ ↑ ↑ 🌼 🌼 🌼 🌼 🌼 🌼 🌼 🌼 ↑
1 2 3 4 5 6 7 8 9 10 11 12

원산지 **중남미**

증식 방법 **실생**

TIP 추위에는 극도로 약하다.

잘 키우는 사람은 심은 지 1년이면 사진에서 보이는 술병 모양으로 키울 수 있다. 성장기에는 큰 잎이 무성하고 오렌지색 꽃을 피운다. 그 모습이 산호 같다고 하여 산호유동이라고 한다. 성장이 빠르고 크고 개성적인 초자 때문에 인테리어 소품으로도 인기가 있다.

재배 POINT

완전한 열대성이므로 최저온도가 15℃는 되어야 하지만, 최근의 품종은 5℃ 정도면 월동할 수 있다. 5℃도 어려운 경우에는 서리가 내리기 전에 잎과 꽃을 잘라 완전 민둥으로 만들어 뽑아서 봄까지 건조시킨 채 휴면한다. 성장기에는 물을 자주 준다.

수수하지만 이색적인 품종이 가득!

칼랑코에속 Kalanchoe

잎이 나오는 방식이나 꽃이 피는 모습이 열십자인 것이 특징이다. 번식력이 왕성한 품종이 많으며 잎 테두리에 많은 새순이 달려 번식하기 때문에 '잎에서 나온 순'이라는 별명도 있다. 잎에 무늬가 있거나 털이 있는 등, 개성적인 품종이 많아 컬렉션이 즐거워진다.

🌼	🌼	🌼	🌼	🌼	🌼	↑	🌱	🌱	🌱	🌱	🌱
1	2	3	4	5	6	7	8	9	10	11	12

원산지	마다가스카르, 남아프리카
증식 방법	잎꽂이, 꺾꽂이

TIP 대부분 1년 내내 자라는데 더위, 추위에는 약하다.
개화기는 종류에 따라 상당히 차이가 있다.

재배 POINT

대부분 여름형인데 주로 겨울에 꽃이 피기 때문에 가능한 따뜻하게 해준다. 봄·가을의 온도에서는 평범한 화초처럼 성장해서 키우기 쉽지만, 겨울이 되면 일변하며, 칼랑코에속은 갑자기 성장을 멈추고 휴식한다. 따라서 서리가 내리기 전에 반드시 실내로 들여놓도록 한다.

후미리스

잎 끝에 마블 무늬가 있다. 아름다운 빨간색으로 물든다. 마치 한송이 꽃과 같다.

알보레센스

목립형. 잎이 겨울에는 둥글고 두툼해지고, 잎 테두리가 단풍으로 물든다.

코사지

잎 모양이 스푼 같아서 이런 닉네임이 붙었다. 잎이나 줄기는 산모로 덮여 있다.

선녀의 무

잎이나 줄기가 털로 덮여 있다. 잎이 아래쪽부터 시들며 위로 성장한다. 목립형.

선작

은색 잎에 갈색 반점무늬가 있다. 잎이 떨어지기 쉽고 잎꽂이도 쉽다. 희궁과 같은 종류.

흑토이

잎 끝의 반점이 이어져 테두리 전체가 까맣다. 월토이와 타입이 다르다.

월토이

토끼의 귀 같은 질감 때문에 월토이라고 한다. 목립해서 자란다.

팽

잎 뒤의 요철이 송곳니 같은 모습에서 팽이라고 한다. 전체가 털로 덮여 있다.

환엽주련

주련의 잎 끝이 둥근 타입. 단풍이들 때에는 새빨갛게 물든다. 성장이느리다.

만손초

잎 테두리에 새끼그루를 많이 만드는데, 그것이 떨어지면 맹렬한 기세로 번식한다. 별명은 클론코에.

선인의 부채

녹이 슨 듯한 갈색의 빌로드 잎. 잎이 한 장씩 크게 자라는 아름다운 품종.

토나카이의 춤

해초 같은 자태가 아름답고 개성적인 종. 잎의 형태가 재미있다. 단풍이 들면 아름다운 붉은색이 된다.

복토이

새하얗고 눈이 쌓인 듯이 털로 덮여있다. 더위에는 약하므로 여름에는물주기를 중단한다.

주련

새빨갛게 단풍이 드는 모습 때문에모아 심기의 포인트가 된다. 잎 테두리의 프린지가 아름답다.

마르니에리아나

목립해서 크게 자란다. 잎 테두리가 빨갛게 물든다. 성장이 빠르다.

희궁

갈색으로 시든 듯한 수수한 형태. 성장은 느리고 목립해서 자란다. 선작과 같은 종류.

로툰디폴리아

잎이 쑥쑥 나면서 잘 번식한다. 분홍색의 귀엽고 아름다운 꽃이 핀다.

불사조

하카라메처럼 잎 테두리에 새끼그루를 많이 만들면서 번식한다. 잎 모양이 개성적이다.

자만도

자주색 단풍이 든다. 잎의 형태가 칼날과 같다고 해서 이런 이름이 붙었다. 성장은 느리다.

동단풍

산호처럼 새빨갛게 단풍이 물든다. 잎의 테두리가 파도치고 있다.

황금 월토이

월토이의 노란색 타입. 털로 덮여 있다. 성장은 원종보다 느리다.

야생토끼

갈색으로 잎이 작다. 월토이의 다른 타입.

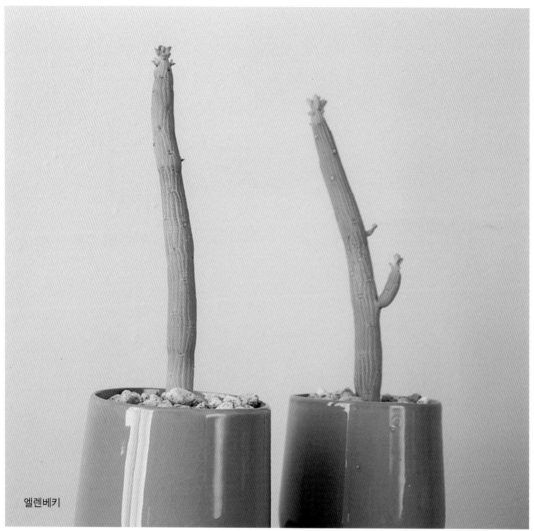

엘렌베키

줄기와 잎의 모양이 재미있는

모나데니움속 Monadenium

↑ ↑ ✿ ✿ ✿ ✿ Y Y Y ↑ ↑ ↑
1 2 3 4 5 6 7 8 9 10 11 12

원산지 **탄자니아**
증식 방법 **꺾꽂이**

성질도 형태도 유포르비아와 비슷한데 꽃이 통소 모양이고 색상도 풍부해서 아름다운 것이 많다. 개성적인 품종이 많고 줄기 부분도 재미있다. 따뜻한 성장기에는 잎을 틔우지만 휴면기에는 전부 떨구고 줄기만 남는 상태가 된다.

◈ 재배 POINT

유포르비아에 준하는데 추위에 더 약한 것이 많으므로 특히 월동에 신경 써야 한다. 반드시 실내에서 관리하고 확실하게 단수한다. 따뜻해지면 물을 주고 주름이 돌아오기를 기다린다. 온도가 있을 때에는 물을 자주 주면서 성장시킨다. 강약을 주며 물을 주는 것이 좋다.

봉란

마치 공룡 알처럼 생긴
플레이오스필로스속 <small>Pleiospilos</small>

1 2 **3 4** 5 6 7 **8** 9 10 11 12

원산지 남아프리카
증식 방법 파종

마치 알을 옆으로 뉘인 듯한 모양이 특징이다. 매년 탈피하면서 성장한다. 다른 메셈류가 가을에 꽃을 피우는데 반해 이 속들은 초봄에 꽃을 피운다. 화경이 짧고 커다란 민들레 같은 꽃을 피운다. 개성적인 형태, 질감, 표면의 무늬 등 특이한 품종이 많다.

재배 POINT

플레이오스필로스속은 더위에 매우 약한 것이 특징이다. 홍제옥 등은 서늘한 곳에서 통풍을 잘 관리하지 않으면 평지에서 여름나기가 어려울 것이다. 그 속 중에서 가장 더위에 강한 것은 봉란이다.

61

미인만 모아놓은 듯한 우아한 품종

파키피툼속 Pachyphytum

Y	Y	✿	✿	✿	✿	✿	✿	✿	✿	✿	Y
1	2	3	4	5	6	7	8	9	10	11	12

원산지　　멕시코

증식 방법　잎꽂이, 꺾꽂이

TIP　개화기는 품종에 따라 다소 차이가 있다.

잎을 많이 다육해서 알이 나란히 있는 듯한 모습이 특징이다. 잎꽂이로 간단히 증식할 수 있다. 꺾꽂이도 가능하다. 지나치게 뻗은 것은 가지치기를 해서 키워도 된다. 꺾꽂이는 발근이 느리고 시간이 걸리지만 뿌리가 확실하게 나온다.

재배 POINT

대부분 1년 내내 자라는데, 언제든 분갈이가 가능하며 추위와 더위에 강해서 키우기도 쉽다. 잎이 두툼해 다른 꿩의비름과에 비해서 다소 성장이 느리므로 차분히 키우고 싶은 분에게 추천한다. 아래쪽 잎부터 마르기 시작하며 목립형으로 자란다. 일 년 내내 물을 주고 햇빛을 잘 쫴어준다.

도미인
도톰하고 봉긋한 잎 때문에 인기. 성장이 느리다.

앵미인
잎이 도톰하면서 옅은 색으로 단풍이 든다.

월미인
잎이 둥글고 다소 긴 편이다. 단풍이 들면 자주색에 가깝게 물든다.

롱기폴리움
잎이 단단해 물을 흡수해서 모가 난다. 단풍이 들면 보라색이 섞인 분홍색이 된다.

콤팩툼
잎이 크고 밀집해서 단단한 인상.

견반미인
잎이 길쭉하고 아름다운 로제트가 된다. 성장은 빠르고 성질은 강하다. 아름다운 분홍색의 단풍이 든다.

신풍옥

하트 모양이 귀여운

체리돕스속 Cheiridopsis

Y	Y	✿	✿	✿	Y	Y	Y	Y	Y	Y	Y
1	2	3	4	5	6	7	8	9	10	11	12

원산지   남아프리카
증식 방법 파종

봄에 몇 번씩 꽃이 피는 것이 특징이다. 또 포기나누기로 간단히 증식할 수 있다.

★ 재배 POINT

번행초과 중에서는 만들기 쉬워서 언제든 분갈이를 해도 된다. 빛을 좋아하므로 햇볕을 잘 쪼이면서 키운다. 여름에는 통풍을 잘 시키고 습도 높은 무더위 상태가 되지 않도록 신경 쓰면 계속 성장한다.

왼쪽부터
아악무/모로키넨시스

통통한 줄기와 잎의 균형이 조화로운
포르튤라카리아속 Portulacaria

↑ ↑ Y Y Y Y Y ❀ ❀ Y Y ↑
1 2 3 4 5 6 7 8 9 10 11 12

원산지 　남아프리카
증식 방법 　**가지꽂이**
TIP 　온도가 있으면 대부분 1년 내내 자라지만
　　　추워지면 휴면한다.

유감스럽게도 꽃은 어느 정도까지 키워야만 볼 수 있다. 은행목 등은 1m를 넘을 정도로 크게 자란다. 반점이 들어간 아악무는 좀처럼 자라지 않아서 큰 은행목 가지에 접목해서 분재를 만드는 경우도 있다.

▶ 재배 **POINT**

물만 거르지 않으면 쑥쑥 자란다. 추위에 약해서 겨울에는 실내에서 키워야 한다. 잎이 나오는 위치가 대나무의 마디처럼 되어 있는데, 질병 등으로 시들 때는 그곳을 깔끔하게 잘라내면 더 이상 질병이 진행되지 않는다. 햇빛이 부족하면 잎이 뚝뚝 떨어진다.

아름다운 단풍을 자랑하는 인기 품종

세덤속 Sedum

| 1 | 2 | 3 | 4 | 5 | 6 | 7 | 8 | 9 | 10 | 11 | 12 |

원산지 　멕시코
증식방법　잎꽂이, 꺾꽂이
TIP　성장기: 4~10월(덩굴성)
　　　목립형인 것은 1년 내내 자란다.
　　　휴면기: 겨울 동안(덩굴성)

아름다운 단풍을 선보이며 새빨갛게 물든 홍옥이 대표적인 품종이다. 꽃이 작고 콤팩트하며 두툼한 잎이 아름답게 몰드는 모습 때문에 인기가 많다. 작은 잎이 여러 개 달려 잔디처럼 쑥쑥 번식하는 종류가 많다.

재배 POINT

대부분의 품종이 추위에 강하지만 특히 잔디처럼 널리 증식하는 것(만년초 계열)은 항상 실외에서 재배할 수 있다. 단 목립형인 것은 추위에 다소 약한 경향이 있다. 실내에서 키우면 빛이 모자라므로 웃자라기 쉽다.

보주
잎에 광택이 있다. 가늘고 단단하고 딱딱한 잎. 위로 성장하는 목립형.

보주선
보주의 둥근 잎 타입. 단풍이 들면 전체가 노란색이 되고, 테두리만 빨갛게 물든다.

패디란토오이데스
알란토이데스의 변종. 이쪽이 잎이 더 평평하다.

청옥
작고 둥근 잎이 포도송이처럼 밀집되어 있다. 늘어져서 자란다.

퍼플 헤이즈
희성미인과 많이 비슷하다. 이쪽이 대형이고 아름다운 단풍으로 물든다.

조이스툴루크
잎이 작고 콤팩트하며 빨갛게 단풍이 든다. 쉽게 꽃이 피고 아름답다. 추위에 다소 약하다.

을녀심

잎 끝만 빨갛게 색이 들어서 이런 이름이 붙었다. 고온다습한 무더위에 주의.

팔천대

잎이 바나나처럼 생겼다. 목립형으로 아래쪽 잎이 시들면서 위로 성장한다.

알란토이데스

단풍이 들지 않고 1년 내내 아름다운 파란색. 성장이 빠르며 목립형.

리틀젬

소형종이며 성장이 느리다. 잎에 광택이 있고 매우 콤팩트하게 자란다.

황려

1년 내내 노란색을 즐길 수 있으며 단풍이 들면 더더욱 노랗다.

춘맹

녹색 꽃. 단풍이 들면 잎 끝이 빨갛게 물든다. 성장이 빠르다.

희성미인

매우 작은 잎의 집합체. 군생하여 성장한다. 잎의 정면은 털로 덮여 있다.

홍옥

녹색 잎이 가을에서 겨울에 걸쳐 새빨갛게 단풍이 든다. 추위에 강하고 성장도 빨라 실외에서 키우기 쉽다.

송록

광택이 있는 진한 녹색. 성장은 느리고 목립형.

황려선

황려 반점이 들어 있다. 흰 반점으로, 단풍이 들 때는 분홍색으로 물들어 아름답다.

미롯티

잎이 둥글고 콤팩트하게 자란다. 목립형.

오로라

무지개 구슬 반점이 있다. 그레이 색깔이 단풍이 들 때에는 아름다운 분홍색으로 변한다.

명월

1년 내내 광택이 있는 잎. 목립형. 성장은 느리다.

트렐레아세이

잎이 둥글고 위로 성장한다. 성장은 느리다. 블루 잎은 단풍이 들면 노랗게 변한다.

수많은 잎으로 구성된 로제트의 아름다움

셈퍼바이범속 Sempervivum

↑ ↑ ↑ ✿ Y Y Y Y ↑ ↑ ↑ ↑
1 2 3 4 5 6 7 8 9 10 11 12

원산지	유럽
증식방법	포기나누기
TIP	꽃이 핀 축대는 시든다.

잎이 확실하게 포개져 아름다운 로제트가 된다. 잎의 매수가 많은 만큼 큰 로제트의 아름다움은 각별하다. 품종이 매우 많고 비슷한 종류도 많아서 품종을 구분하는 것은 노동이나 마찬가지이다. 꽃이 피면 그 그루는 시들어버린다.

〉 재배 POINT

추위에 매우 강해서 항상 실외에서 재배할 수 있으며 실내에서 키우면 햇빛이 부족해지기 쉬운 만큼 실외재배를 통해 햇빛을 잘 쬐이면서 키운다. 런너로 증식시키고 군생하는 것이 특징이다. 증식한 경우에는 포기나누기를 한다.

애시즈오브로즈
전체적으로 자주색. 잎의 표면이 털로 덮여 있으며 커다란 로제트로 전개된다.

제인
녹색의 로제트로, 중심이 자주색으로 물든다.

능앵
잎 끝만 자주색으로 물들며 커다란 로제트가 된다.

권견
잎 끝이 털로 덮여 있다. 특히 겨울에 털이 더 많고 로제트를 오므린다.

실버그린의 서늘한 품종

세네시오속 Senecio

수액에 독특한 향이 있다. 흰 가루를 뿌린 잎이나 줄기가 특징이다. 잎맥이나 줄기의 모양이 재미있는 품종이 많다. 꽃도 개성적이며 잘 피운다. 햇빛이 부족하면 꽃이 잘 맺히지 않으므로, 꽃이 피지 않는 경우에는 햇빛을 잘 쬐어준다.

| 1 | 2 | 3 | 4 | 5 | 6 | 7 | 8 | 9 | 10 | 11 | 12 |

원산지　　남아프리카
증식 방법　꺾꽂이

재배 POINT

서늘한 계절에 자라므로 모아 심기나 번식은 가을에 해준다. 특히 목립형인 것은 여름에는 뿌리가 나지 않는다. 목걸이처럼 덩굴성인 것은 여름에도 그늘에서는 자란다. 1년 내내 물을 주고 한여름에도 지나치게 단수하지 않으면 항상 좋은 상태를 유지할 수 있다.

그린 네크리스
녹색의 방울처럼 생긴 둥근 잎이 덩굴을 만들며 성장한다. 한여름에도 물은 조금만 준다.

마사이화살촉
잎의 끝부분만이 넓어지는 형태, 목립형 종으로, 아래쪽 잎이 마르면 위로 성장한다.

만보
단풍이 들 때는 잎맥이 확연히 솟아오르고 붉어진다. 성장은 느리다.

미공모
잎이 샤프하고 위로 성장한다. 성장이 빠르다.

칠보수
줄기가 크게 성장해서 위쪽으로만 잎이 맺힌다. 휴면기에는 잎을 떨어뜨린다.

백수락
잎이 눈물 모양으로 생겨 개성적이다. 목립형이어서 위쪽으로만 잎이 맺힌다.

우각

그로데스크한 꽃이 피는 것도 매력
후에르니아속 Huernia

꽃은 새로 뻗은 가지에서만 나기 때문에 새순이 차례차례 나오는 듯한 재배가 이상적이다. 파충류가 연상되는 질감이 특징. 개성적인 초자에는 개성적인 꽃이 피기마련이다. 생긴 모양이 그로데스크한 꽃이 많다. 1년 내내 잎이 나는 것은 아니다.

| 1 | 2 | 3 | 4 | 5 | 6 | 7 | 8 | 9 | 10 | 11 | 12 |

원산지　　남아프리카
증식 방법　꺾꽂이

★ 재배 POINT

추위에 약하므로 겨울에는 물주기를 중단하고 그냥 쉬게 한다. 꺾인 가지나 번식을 위해 잘라낸 가지, 또 포기나누기한 것도 심지 말고 봄까지 말려둔다. 바싹 시들어도 괜찮다. 봄에 다시 심으면 다른 개체로 키울 수 있다.

74

선인장

다육식물 중에 선인장과가 있다. 종류가 매우 많아서 선인장이라는 이름으로 묶인 것처럼 느껴지겠지만 선인장도 다육식물이다. 가장 진화해서 개성적인 형태가 된 선인장의 모습에서 강한 에너지를 느낄 수 있다!
생명력이 넘치는 박력 있는 선인장을 즐겨보자.

아스트로피툼속 ^{Astrophytum}

투구

평평하고 둥근 형태. 그리고 확연히 구분
되는 능선은 8개로 나뉘어 아름다운 반점
무늬가 똑같이 들어 있다. 둥근 반점은 꽃
이 핀 화좌인데, 성장하면서 아래로 움직
인다. 노란색의 큰 꽃이 중앙에 핀다.

마미랠리아속 ^{Mammillaria}

고기환

가시가 검고 매우 짧으며 화좌에 나온 노
란색 가시와의 대비가 아름다운 종류이
다. 화좌에 수많은 노란색 털이 있고, 거기
서부터 작은 흰 꽃이 한 줄로 피어 있다.
새끼그루가 옆에 나와 군생해간다. 마미
랠리아 중에서는 특히 성장이 느리다.

에키노캑터스속^{Echinocactus}
태평환

새파란 몸체에 흰 가루를 띠고 있으며 붙인 듯이 빨간 가시가 났다. 성장기에는 붉은 기가 특히 강해진다. 분홍색 꽃은 크고 아름답다. 큰 구체가 된다. 성장은 다소 느리지만 키우기 쉬운 편이다.

로포포라속^{Lophophora}
취관옥

화좌의 털이 매우 폭신폭신해서 귀엽다. 공처럼 둥근 구체와 털이 붙어 있는 모습도 사랑스럽고 귀염성이 있는 선인장이다. 중앙 부분의 털 속에서 작은 꽃을 틔운다. 같은 속의 대표적인 조익옥보다 성장이 빠르고 큰 구체가 된다.

에피텔란타속 ^{Epithelantha}

카구야히메

작고 흰 구체가 수없이 군생한 모습은 버섯 같은 균류를 연상시킨다. 인기가 높은 품종으로 몸을 뒤덮은 듯이 돋아난 털이 특징이다. 가시 하나의 형태만 봐도 매우 아름답다. 움푹 들어간 중심 부분에 작고 귀여운 연분홍색 꽃을 틔운다.

김노칼리치움속 ^{Gymnocalycium}

해왕환

진한 녹색의 구체에 황금색 가시가 덮듯이 돋아나 있다. 이 가시의 형태가 색색인 타입이 있다. 성장기에는 더욱 선명한 색깔의 가시가 된다. 피부는 광택이 있는, 선명한 녹색이다. 전체적으로 구 모양으로 성장하며 하얀색의 크고 아름다운 꽃을 피운다.

립살리스속^{Rhipsalis}

청유

산호초처럼 보이며 군생한다. 비교적 빠르게 성장하고 따뜻한 시기에는 새순이 쑥쑥 돋아난다. 새순이 비죽 길게 자라 그 끝 부분에서 자손을 많이 틔우고, 그 자손이 커서 무거워지면 늘어져도 계속 성장한다. 좌우사방 위아래 늘어져 성장하는 것이 특징이다.

마미랠리아속^{Mammillaria}

옥옹

부드러운 긴 털이 특징. 새하얀 광택의 털이 구체인 몸 전체에서 돋아 길게 자란다. 아름다운 구체 형태의 녹색 몸은 희고 짧은 가시와 긴 털로 덮여 있어 하얗고 아름답다. 진한 분홍색 꽃을 일렬로 피운다.

오픈티아속 Opuntia
상아단선

매끈하고 둥근 잎이 계속 연결되어 성장하는 모습이 다른 식물에게서는 찾아볼 수 없을 만큼 개성적이다. 이 둥근 형태가 단선 같다고 해서 예전부터 부채선인장이라는 애칭이 붙어 있다. 성장기에는 많은 새끼그루를 틔운다. 삽목으로 간단히 증식시킬 수 있다.

에스포스토아속 Espostoa
월천락

성장점인 꼭대기의 가시가 빨갛고 아름다운 것이 특징이다. 위로 성장해가는 기둥선인장이다. 긴 털로 덮여 있는 아랫부분의 모습이 만화적 상상력을 자극하는 귀엽고 신기한 모습이다. 꽤 크게 자라기 전까지는 꽃을 피우지 않는다.

스테노캑터스속 Steno cactus
진무옥

가시가 편평 모양인 것이 특징. 녹색의 구체에서 길게 돋아난 가시가 아름다운 품종이다. 구체를 잘 보면 표면이 뱀의 배 모양이다. 이것은 광합성을 하는 면적은 키우고 수분 증발은 막기 위해서 햇빛에 닿는 부분을 최소화시켜 진화한 모습이다. 중심 부분에 보라색 줄기가 달린 하얗고 큰 꽃을 피운다.

아스트로피툼속 Astrophytum
난봉옥

희고 매끈한 바위처럼 단단해 보이는 모습은 물을 저장하는 큰 탱크를 연상시킨다. 반점으로 덮여 있는 표면은 새하얗고 거칠거칠하면서도 매트한 질감이다. 성장이 느리니 차분히 키우도록 한다. 일정 구체 상태에서 어느 정도 커지면 위로 자란다. 정상의 중심 부분에 크고 노란 꽃을 피운다.

미르틸로캑터스속 ^{Martillocactus}
복록용신목

촛농이 녹아내리는 양초처럼 혹이 있는 모습이 신기하다. 위로 성장하는 기둥선인장이다. 표면은 살짝 하얀 가루로 덮여 있고 녹색의 몸체는 매트하고 블루그린색으로 보인다. 혹 끝에는 짧은 가시가 있다. 꽤 크게 자라야 꽃이 핀다.

마미랠리아속 ^{Mammillaria}
만월

둥근 구체가 마치 만월 같다고 해서 붙은 이름이다. 성장점인 꼭대기 부분은 빨간 가시이다. 보통 둥글게 1구체로 자라는데, 이 사진은 새끼그루가 많이 생겨서 군생한 타입이다. 분홍색 줄기가 있는 꽃을 일렬로 피운다. 이 속 중에서는 비교적 큰 꽃을 피우며 물을 좋아하므로 물주기에 신경 써야 한다.

에키노세레우스 Echinocereus

태양

튜비니칼프스속 Turbinicarpus

장미환

가시가 표면을 덮듯이 나 있다. 말린 가시이기 때문에 만져도 아프지 않다. 성장 부분에 보라색에서 빨간색에 걸친 그러데이션이 아름답다. 성장은 느리지만 성장기에 물을 듬뿍 주면 왕성하게 자라 커다란 그루로 키울 수 있다. 매우 크고 아름다운 분홍색 꽃이 핀다.

가시 모양이 매우 개성적인 품종이다. 타원형의 짧고 흰 가시가 표면에 마치 무늬처럼 규칙적으로 돋아나 있다. 성장은 느리지만 크게 자라면 멋지게 군생한다. 크고 아름다운 꽃을 피운다. 고온다습한 무더위에 약하므로 통풍을 잘 시켜야 한다.

마미랠리아속^{Mammillaria}
백성

하얗고 둥근 구체가 수없이 연결되어 있는 모습이 신비롭다. 구체가 어느 정도 커지면 새끼그루를 만들고, 다시 그 새끼그루가 새끼그루를 만드는 식으로 거품이 올라오듯 성장한다. 가시는 말린 가시여서 만져도 아프지 않다. 겨울이 되면 가시 속에서 꽃이 피어난다.

스테노캑터스속^{Stenocactus}
설계환

긴 가시가 구체에 착 돋아나 있어 아름다운 품종이다. 신체는 아름다운 구체로 성장한다. 가시는 크림색이나 흰색이고 짧은 가시와 긴 가시가 잔뜩 돋아난다. 방사선 모양으로 돋아난 모습은 아름답고 신비로워 질리지 않고 즐길 수 있다. 늦봄무렵 중심 부분에서 보라색 꽃을 피운다.

김노칼리치움속 ^{Gymnocalycium}
비목단금

목단옥 반점이 들어간 것. 빨갛거나 노란색 반점이 선명하고 아름다운 품종. 반점은 성장하면서 변화를 거치며 달라진다. 반점이 들어간 모양에 따라 인기에 편차가 있고, 또 희소가치가 있어 고액으로 판매되는 인기종이기도 하다. 물을 좋아하므로 다습한 듯 키우면 표면이 매끈한 파충류의 질감을 감상할 수 있다.

마미랠리아속 ^{Mammillaria}
금전

소형종으로 꽃이 잘 달리고 키우기 쉽다. 아름다운 달걀형으로 성장하면 새끼그루를 만들고 군생을 시작한다. 새하얗고 짧은 가시나 털로 덮여 있어 매우 아름답다. 흰 털 부분에서 작고 진한 핑크색 꽃을 일렬로 피운다. 일반적으로 키우기도 쉽고, 작아도 꽃을 즐길 수 있어서 인기가 높다.

선인장을 키울 때 주의할 점

'선인장을 키울 때에는 물이 필요 없다'라는 이미지가 너무 강해서 작은 선인장에도 물을 주지 않아 말려 죽이는 사람이 많다. 선인장의 몸은 물을 저장하는 탱크 같은 구조로 되어 있는데 크기가 작은 선인장은 탱크도 작기 때문에 물이 부족하면 제대로 자라지 않는다. 작은 팁만 기억해두면 키우기도 쉬운 선인장. 성장은 느리지만 오래도록 곁에 두고 즐길 수 있는 귀여운 식물이다.

잎꽂이

선인장의 몸속은 95% 이상이 수분으로 이루어져 있다. 이것은 곧 선인장이 많은 물을 저장하고 있다는 뜻이다. 크기가 클수록 저장할 수 있는 수분의 양도 많으므로 물을 주는 횟수는 적어도 된다. 1년씩 물을 주지 않아도 공기 중의 수분을 흡수해서 몸속에 비축해 말라죽지 않고 사는 선인장도 있을 정도이다. 하지만 크기가 작은 선인장은 저장할 수 있는 수분 양이 적기 때문에 물을 자주 주어야 한다. 물을 주지 않아도 말라죽지는 않겠지만 예쁘게 키우고 싶다면 물을 주면서 성장시키는 것이 좋다. 한 번에 주는 양은 화분 밑으로 물이 흘러나올 정도. 화분 밑에 구멍이 없는 경우에는 화분의 흙 전체가 젖을 정도의 양을 준다. 물이 부족해지면 몸에 주름이 생기는데, 이것은 물을 달라는 신호이다.

두는 장소

선인장의 가시는 차광을 위해 진화한 산물이다. 몸 둘레를 가시로 덮고, 그 그늘 밑에서 서늘하게 지내는 구조이다. 이 가시를 아름답게 유지하려면 햇빛이 잘 드는 장소에서 관리해야 한다. 반대로 가시가 짧고 구체가 노출되어 있는 품종은 한여름의 실외 처마 밑에 놓는 등 다소 빛을 가려주듯 키우는 것이 좋다. 약한 빛을 받던 것을 갑자기 강한 빛에 놓아두면 화상 같은 상처가 생길 수도 있으니 주의한다. 1년 내내 항상 햇빛이 잘 드는 장소가 가장 이상적이다.

비료

성장이 느리므로 심을 때나 분갈이를 할 때 효과가 오래 가는 '완효성' 비료를 소량만 넣는다. 즉효성이 강한 비료는 적합하지 않다. 비료에 타는 경우도 있다.

번식 방법

씨앗부터 키운다. 씨앗부터 키우면 다양한 타입을 키울 수 있고 건강하다. 기둥선인장 등은 꺾꽂이로도 증식할 수 있다.

선인장의 꽃

'애정을 담아 키우면 꽃이 핀다' '엄격하게 키우지 않으면 꽃이 피지 않는다' 등 선인장 꽃에 관한 여러 가지 말이 있는데, 틀린 말은 아니다. 성장기에는 차분히 햇빛을 쪼어주며 애정을 쏟고, 휴면기에는 물주기를 멈추고 선인장의 습성을 고려해 키운다. 이것이 선인장을 잘 키우는 요령이자 아름다운 꽃을 피우는 비결이다. 즉 성장기에는 최대한 햇빛을 쪼어주는 것이 좋다. 겨울이 휴면기인 선인장은 물주는 것을 중단한다. 사막 같은 곳에서는 비가 전혀 내리지 않는 시기에 생명활동을 쉬었다가 우기가 되면 일제히 수분을 보급해서 성장하는 사이클이 있는 것처럼 자연환경에 가까운 상황을 만들어주는 것이다. 또 1년에 1회 정도 분갈이를 해주면 더욱 좋다. 이것만 지킨다면 아름다운 꽃을 피울 것이다. 선인장의 꽃, 함께 피워보지 않겠는가?

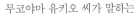

무코야마 유키오 씨가 말하는

다육식물의 역사와
잘 키우는 비결

이 책의 저자인 마츠야마 미사 씨가 스승으로 생각하는 무코야마 씨.

현재 치바 현에서 '후타와엔二和園'을 운영하고 있으며, 취재 당일에는 평일 한낮이었음에도 불구하고 손님들이 끊이지 않고 찾아오고 있었다.

전문가 무코야마 씨에게 다육식물이 무엇인지, 아름답게 키울 수 있는 비결은 무엇인지 저자 마츠야마 씨와 함께 물어보았다.

마츠야마 ＝ㄱ 무코야마 ＝ㅁ

다육식물의 역사는 상당히 오래되었다.

ㄱ 거두절미하고, 다육식물이 뭔가요?

ㅁ 지금은 선인장과 구별하기 위해서 다육식물이라고 하지만, 원래는 선인장도 다육식물이야. 사실 다육식물 중 대부분이 선인장과거든. 그래서 선인장과만 따로 묶고 그 이외의 것을 다육식물로 분류한 거지. 선인장은 선인장과라는 하나의 과야. 그런데 형태적으로 살이 도톰한 것을 다육식물이라고 하기 때문에 모든 과에 걸쳐 있지. 그중에서 가장 많은 게, 번행초과라고 하나? 옛날에는 쯔루나카라고 했던 건데, 소위 메셈류지. 그리고 또 하나는 타카토다이과, 토오다이구사과, 소위 유포르비아야. 이건 아프리카 원산이지. 그리고 멕시코 원산으로는 지

금 유행하고 있는 모아 심기 재료인 에케베리아. 이건 꿩의비름과지. 꿩의비름과는 식물학적으로도 상당히 유명한데 CAM 식물이라고 들어본 적 있지? 그 CAM 의 C는 크라슐라아제(꿩의비름과)의 C야. 그리고 A는 아시드, M은 메타볼리즘.

ㄱ 광합성이 반대인 거네요?

ㅁ 그렇지. 낮 동안 건조한 곳에 피어 있으니까 보통의 식물처럼 광합성을 하려고 해도 기공이 열려 있으면 말라버리거든. 그래서 낮에 기공을 닫고 탄산가스를 들이마시지 않아. 그러다 온도가 내려가 몸의 수분이 증발하지 않는 밤에 기공을 열고 탄산가스를 들이마셔서 유기산(칼본산)으로 바꿔 몸에 비축해둬. 그리고 낮에 해가 나와 있을 때 몸에 축적되어 있는 탄산가스로 광합성을 하지. 그런 식물을 CAM 식물이라고 해. 다육식물의 대부분이 그래. 커틀레어 류도 그렇지. 커틀레어도 다육이라고 하면 다육이니까.

ㄱ 그렇군요. 무코야마 씨가 알고 있는 그 지식은 어디에서 배우신 건가요?

ㅁ 이렇다 하게 어디서 배운 건 아닌데, 50년이나 해온 일이니까. 그렇게 따진다면 자연에서 배웠다고 할 수 있겠지(웃음).

🄜 처음에는 아무런 지식이 없었던 건가요? 책 같은 건 안 보셨나요?

🄜 책도 읽지 않았지. 굳이 말하자면 기초 부분은 중고등학교 교과서에서 배웠다고 할까? 그게 가장 참고가 됐어. 선인장이나 다육식물 재배서로 잘 나와 있는 게 뭐가 있냐고 물어보면 중학교 교과서를 보라고 대답하지 (웃음).

🄜 (웃음) 50년 전에는 아직 다육식물이라는 용어도 일반인들에게 알려지지 않았을 것 같은데, 무코야마 선생님은 어떻게 알게 되신 건가요?

🄜 글쎄, 그 옛날에도 다들 재배했던 것 같아. 언제부터 유행했냐면, 종전 직후, '사막은 살아 있다'라는 디즈니영화가 있었는데 그 영화를 계기로 선인장이 일대 유행을 했어.

🄜 무코야마 선생님도 그것을 보고 좋아하게 되신 건가요?

🄜 난 그 이전부터야 (웃음). 초등학교 때부터 식목에 흥미가 있어서 마을축제에서 최초로 선인장을 샀던 게 시작이었지. 전전戰前부터였던 셈인가. 다들 이 다육식물을 키우는데 취미라는 건 새로운 것처럼 착각을 하지만, 쇼와 초기에 출판된 일본장미회의 잡지가 있었어. 그 잡지를 보면 긴자에서 선인장 전시회가 열렸다는 기사가 있는데 그 사진을 보면 커다란 난봉옥 같은 게 찍혀 있어. 지금 현재 수준에 지지 않을 정도로 대단한 것들이 전시되었어. 그만큼 다육식물의 역사는 꽤 오래됐다고 할 수 있지.

🄜 다육식물의 이름을 봐도 어렵다거나, 구한자를 사용하거나 하는 시대를 느끼는데, 처음에는 수입해서 시작된 건가요?

🄜 그렇지. 전전에는 거의 독일에서 수입을 했었어. 독일과는 전쟁 중에도 교류가 있었을 정도니까. 메이지시대 때부터 독일에서 한참 들여왔지.

🄜 그럼 메이지시대가 시작인가요?

🄜 더 전이지. 에도시대부터. 역사책을 보면 알 수 있겠지만 오오타 쇼쿠산진大田山人이라는 사람 아나? 그 사람이 '볼람멜키를 아는가?'라고 질문하는 문헌이 있어. 지금으로 치면 유포르비아 같은 건데, 그것을 보면 에도시대 때부터 일본에 다육식물이 있었다는 증거겠지.

🄜 그렇다면 일반적으로 보급된 건 언제부터인가요?

🄜 전전에도 꽤 유행을 했어. 나고야에 광도원이라는 선인장 전문 원圓이 있었는데 거기서는 샤보텐연구라는 전문 잡지를 발간했었어. 그게 전전이지. 그리고 지금은 가나가와 현에 있는 도자와 시에 교라쿠엔京樂園은 메이지시대 때부터 운영됐어.

🄜 옛날에는 귀족들이 키웠나 보죠?

🄜 그렇지. 옛날에는 진귀한 식물이어서 값이 비쌌으니까, 일반 서민들로서는 엄두가 나지 않았을 거야. 대학졸업자의 초임 월급이 1만 엔 정도일 때, 비목단금 한 그루가 2~3천 엔이었거든. 나중에 값이 내렸지만 목수의 일당이 700엔일 때도 비목단금은 한 그루에 500엔이었어 (웃음).

🄜 정말 고급품이었네요.

🄜 그래서 좀 비싼 품종은 할부로 샀던 것 같아. 나도 돈이 없어서 싼 것을 사서 키웠거든. 선인장의 역사를 말하자면 끝이 없지 (웃음).

비결은 '좀 더 빛을!'

🄜 최근 다육식물의 인기에 대해서 어떻게 생각하세요?

🄜 우리야 뭐든 팔리기만 하면 매상이 되니까 좋지 (웃음). 최근에는 한국이나 중국에서 많이 수입해서 세계적인 붐이 된 것 같아.

🄜 앞으로 다육계가 어떻게 될 것 같으세요?

🄜 요즘은 하월시아가 유행하고 있는데, 앞으로도 달라지지는 않을 거야. 다들 품종개량 등을 통해 개발이 되고 점점 늘어나고 싸진다고 하지만 값은 내려갈지 몰라도 사라지진 않을 거야. 왜냐하면 하월시아는 실내에서 즐길 수 있는 거든. 예를 들어 선인장 같은 가시 달린 식물은 햇빛이 없으면 키울 수가 없어. 하지만 하월시아의 경우에는 반그늘에서도 키울 수 있고 형광등이나 LED를 병용하면 일광이 나쁜 곳에서도 키울 수 있거든. 지금 이미 실내원예로 보급되어 있으니까. 장소도 많이 필요 없고. 그런 의미에서 하월시아는 사라지지 않을 거라고 생각해. 에케베리아도 한때 유행했었지? 하지만 에케베리아는 강한 햇빛이 없으면 색이 아름답

게 자라지 않거든. 처음 키우는 초보자라면 단연 하월 시아가 간단하고 좋다고 봐.

🟠 무코야마 씨께서 다육을 처음 키우게 된 계기는 무엇인가요?

🔵 인도네시아에서 선인장을 수입해오는 친구가 있었어. 그 친구를 따라 인도네시아에 놀러갔다가 한 달 정도 체류하게 됐지. 그때 오스트레일리아에 재미있는 것들이 많다는 얘기를 듣고, 그럼 가볼까? 하는 마음에 함께 갔었어. 그랬더니 거기에는 다육식물이 자생하고 있는 거야. 땅이 건조하니까 일반 식물들은 말라죽지만 얘들은 살 수 있었던 거지. 일본에서 팬지나 비올라를 심는다면 오스트레일리아에서는 다육을 심는 셈이려나? 그래서 건조하고 햇빛도 강하니까 엄청 아름답더라고. '아, 아름답다'라는 감탄이 절로 나왔어. 그때 에케베리아를 샀다가 고질병이 된 거지. 그때까지는 일본에서 봐도 '뭐야, 잎만 잔뜩 있잖아' 정도였는데 현지에서 정원에 아름답게 피어 있는 걸 보고 '이거 괜찮은데?'라고 반해 버린 거야.(웃음)

🟠 여기에 소개해주실 무코야마 씨의 보물은 그 많은 다육식물 중에서 어떤 이유로 뽑힌 건가요?

🔵 지금 유행하고 있는 하월시아의 최고급 품종을 내놨지. 작은 것은 재배가 어려워. 일반인들이 키우는 건 아마 무리일 거야. 그리고 에케베리아는 딱 보기에도 아름답지만 아프리카에서 수입해온 건 일본에서는 재배가 불가능해.

🟠 마지막으로 다육식물을 키우는 초보자에게 조언을 좀 해주세요.

🔵 일반적으로 다육식물은 건조한 기후에 강하니까, 그걸 염두에 두면 돼. 과도하게 물주지 않기! 하지만 역시 식물이니까 수분은 필요해. 그 두 가지만 잘 해주면 걱정할 거 없어. 그리고 다육질이라는 건 수분이 많아. 즉 얼기 쉽다는 뜻이야. 0℃ 아래로 내려가면 바로 얼어버려. 겨울에 다육식물한테 물을 주지 말라고 하지? 그건 시들면 잘 얼지 않기 때문이야. 시들게 하는 데 2~3개월은 걸리니까 물은 가을부터 중단해야 해.

🟠 무코야마 씨가 운영하는 화원의 모종은 독특하다고 할지, 색감도 매우 아름답고 모양도 굉장히 예쁜데 비결이 뭔가요?

🔵 그건 내가 게을러서 물을 안 주는 것뿐이야.(웃음). 비료도 분갈이도 안 해.(웃음). 주고 싶긴 한데 너무 바쁘거든. 그래서 시들어버리는 거야. 현지에 가까운 환경이 되는 건지도 몰라. 그래서 색이 진해지거나 강한 게 나올 수 있는 걸까? 햇빛이 좋고 수분이 적으면 당연히 단단해지겠지. 단단하니까 강한 다육식물이 되는 거야. 햇빛이 있으면 단단하게 자랄 수 있으니까. 그늘에 두면 다들 물러지거든. 방안에서 물을 주며 키우면 물러지는 건 당연해.(웃음). 썩기 쉬워지지. 잘 키우기 위해서는 햇빛, 이게 가장 중요해. 최저온도가 10℃, 최고온도가 25℃ 정도를 유지하면 강하고 아름다운 다육식물이 돼. 해가 반나절밖에 안 들어온다면, 뒤에 은박지 등을 대서 반사광을 이용해 빛을 강하게 해주거나, 형광등이나 LED를 보충해주면 좋을 거야. 다육식물을 키우는 건 분명 간단하지. 놔두면 2~3년은 자라니까. 하지만 그렇게 살아 있기만 한 상태가 무슨 의미가 있겠나? 더 선명하게 보이려면 지금 말한 것만 지켜주면 돼. 비결은 '좀 더 빛을!'이야. 간단하지?(마침)

무코야마 유키오
후타와엔(이화원)
http://www.kk.iij4u.or.jp/~yukicact/

후타와엔이 자랑하는 다육식물의 세계

다육식물에 대해서 많은 이야기를 해준 무코야마 씨. 그
무코야마 씨가 운영하는 다육식물원 '후타와엔'에서는
수많은 다육식물이 쑥쑥 자라고 있다. 그중에서도 고급
다육식물을 소개한다. 한 그루에 수십만 엔이나 하는 다
육식물도 있다고 한다.

고급 다육식물

만상(드래곤)

만상금

밀키화이트

레튜사 금

콤프트니아나

레튜사 호반

옥선

능금 광

비슷하지만
사실은 다른 시리즈

왼쪽 스트로베리하트   오른쪽 파티드레스

왼쪽 만물상   오른쪽 종궤

왼쪽 선녀봉   오른쪽 멕시칸 자이언트

다육식물 인테리어

마음에 드는 다육식물을 발견했다면, 마음 가는 용기에 심어보자. 다육식물은 튼튼해서 화분으로 활용할 수 있는 그릇이 매우 많다. 여기에서는 모아 심는 방법을 과정으로 컵이나 비커 등 일반적으로 식물을 심을 수 없는 용기부터 상세히 설명한다.

비커에
하월시아를 심다

1 하윌시아, 비커, 비료, 적옥토(중간입자), 화장석, 흙, 핀셋, 모종삽

2 플라스틱 화분에서 모종을 꺼낸다.

3 화분에서 빼낸 모습.

4 핀셋으로 아래쪽에 난 잎을 뜯어낸다.

5 오래된 뿌리를 잘라내고 새로 난 뿌리만 남겨둔다.

6 오래된 뿌리를 제거한 모습.

7 비커 밑바닥을 채울 정도로만 적옥토를 넣는다.

8 적옥토가 안 보일 정도로 흙을 넣는다.

9 비료를 넣는다.

10 모종을 넣고 높이를 조절한다.

11 높이를 정했으면 뿌리를 펴기 쉽도록 한가운데를 높이 쌓는다.

12 높이가 결정된 모습.

13 잎 사이로 흙이 들어가지 않도록 가장가리쪽으로 흙을 넣는다.

14 모종을 누르며 탁탁 가볍게 비커를 때리며 흙을 고른다.

15 화장석을 장식한다.

16 완성.

테라코타에
미니선인장을 모아 심다

1 미니선인장, 비료, 신문지, 화분 바닥망, 테라코타 화분, 핀셋, 흙, 모종삽.

2 자른 신문지를 화분 바닥에 깐다.

3 화분 바닥망을 신문지 위에 얹는다.

4 미니선인장 모종을 넣고 높이를 조절해서 흙의 양을 가늠한다.

5 정해진 높이까지 흙을 넣는다.

6 비료를 넣는다.

7 다시 흙을 넣는다.

8 미니선인장의 배치를 결정한다.

9 위치를 정한 후 핀셋으로 땅을 파고, 모종을 하나씩 누르듯이 심는다.

10 주변에 흙을 넣고 고정시킨다.

 POINT

3개를 동시에 누르면서 넣어도 된다!

11 2개째, 3개째도 같은 방법으로 심는다.

12 전부 다 심었으면 다시 주변에 흙을 넣어 고정시킨다.

13 식물을 누르면서 화분을 탁탁 두드려 흙을 고른다.

14 완성.

대형
모아 심기를 하다

1 화분, 각종 모종, 적옥
토(중간입자), 비료, 흙,
모종삽, 핀셋.

2 화분바닥을 채울 정도
로 적옥토를 넣는다.

3 적옥토가 보이지 않을
정도로 흙을 넣는다.

4 비료를 넣는다.

5 심을 위치를 결정한다.

6 화분에서 뺄 때는 핀셋
을 집어넣어 뽑아내는
것이 좋다.

7 가시에 찔리지 않도록
천으로 감싸면서 엉킨
뿌리를 풀어헤치듯이
흙을 털어낸다.

8 다른 모종도 같은 방법
으로 뿌리를 정리한다.

9 메인이 되는 선인장을
심는다. 맨손으로 만지는
게 아플 경우 원예용 장
갑이나 천을 이용한다.

10·11 선인장 주변부터 순서대로 다른 모종을 모아 심
는다.

12 비교적 작은 모종은 줄
기를 핀셋으로 잡고 커
다란 모종 사이를 메우
듯이 심는다.

13 모두 다 모아 심은 모습.
키가 큰 것을 뒤쪽에 심
으면 균형이 잘 맞고,
앞쪽에 심으면 포인트
가 된다.

14 마지막으로 틈 사이에
흙을 집어넣는다.

15 커다란 모아 심기의 경
우 핀셋을 비집어 넣어
흙을 안쪽으로 넣거나
화분을 직접 두드려 흙
을 고른다.

16 완성.

머그컵에
에케베리아를 심다

1 머그컵, 에케베리아,
흙, 모종삽, 핀셋.

2 플라스틱 화분에서 모
종을 꺼낸다.

3 핀셋으로 아래쪽에 난
잎을 뜯어낸다.

4 뿌리를 조금 풀어서 긴
뿌리를 제거한다.

5 컵에 흙을 넣는다.

6 모종을 놓고 위치를 조
정해 고정한 다음 틈새
로 흙을 집어넣는다.

7 화분을 돌리며 전체에
흙을 넣는다.

8 식물을 누르며 톡톡 가
볍게 두드리고 흙을 고
르면 완성!

가스테리아속	47	
가을의 서리	14	
강호회권	53	
견반대인	63	
경화금	52	
고기환	76	
고람	34	
곡수안	52	
곡옥	48	
골드마니	39	
광휘전	39	
구갑용	29	
구로메라타	47	
구적	24	
권견	71	
그린 네크리스	73	
금성의 나무	35	
금전	85	
길상천금	20	
김노칼리치움속	78, 85	
꽃기린	41	
꽃 동백	38	
꽃뗏목	14	
나마크엔시스	25	
난봉옥	81	
남십자성	34	
노바라노세이	37	
뇌신	20	
능금 광	91	
능앵	71	
단애의 여왕	43	
대화금	14	
대화미니	38	
데이비	14	
덴티티	23	
도미인	14, 63	
동단풍	59	
디오스코레아속	29	
러브체인	28	
레모타	33	
레튜사	53	
레튜사 금	91	
레튜사 호반	91	
로게루시	35	
로라	39	
로툰디폴리아	59	
로포포라속	77	
롱기폴리움	14, 63	
류리광	41	
리돕스속	48	
리틀젬	68	
립살리스속	79	
립스틱	39	
마르니에리아나	59	
마미랜리아속	76, 79, 82, 84, 85	
마사이화살촉	73	
만물상	91	
만보	73	
만상금	91	
만상(드래곤)	91	
만손초	58	
만월	82	
만테리	53	
게바나	14	
멕시칸 자이언트	91	
경월	69	
모건뷰티	34	
모나데니움속	60	
모로키넨시스	65	

미공모	73	
미롯티	69	
미르틸로캑터스속	82	
미유모만년청	49	
밀키화이트	91	
백도	17	ㅂ
봉란	61	
백봉	37	
백성	84	
백수락	73	
백접	52	
베라	23	
보르시	54	
보위에속	26	
보주	67	
보주선	67	
보초	53	
복랑	31	
복래옥	48	
복록용신목	82	
복토이	58	
봄비시나	37	
부르세라속	27	
부사자보	47	
불꽃축제	33	
불사조	59	
브라우니아나	53	
브라이언 로즈	39	
브레비폴리아	33	
브론즈히메	42	
비목단금	85	
비취전	23	
사해파	44	ㅅ
산호유동	55	
살멘토사	35	
상아단선	80	
석영	19	
선녀봉	91	
선녀의 무	57	
선동창	19	
선버스트	19	
선인의 부채	58	
선인장	75	
선작	57	
설계환	84	
설화	53	
세네시오속	73	
세덤속	67	
세로페기아속	28	
셈퍼바이범속	71	
소공자	24	
소야의	35	
송록	69	
송상	53	
송충	17	
수주성	35	
수퍼스노우	23	
숲의 요정	39	
스브리기다	52	
스테노캑터스속	81, 84	
스트로베리하트	91	
스플렌데스	54	
시닌기아속	43	
신도	34	
신동	33	
신풍옥	64	
십이지권	53	
아가베속	20	ㅇ
아나캄프세로스속	21	
아드로미스쿠스속	17	

아스트로피툼속	76, 81	
아악무	65	
아에오니움속	19	
아이보리파고다	34	
알란토이데스	68	
알로에속	23	
알보레센스	57	
알부카속	25	
애지즈오브로즈	71	
앵미인	63	
앵취설	21	
야생토끼	59	
언성	33	
에그리원	14, 38	
에스포스토아속	80	
에케베리아속	37	
에키노세레우스	83	
에키노캑터스속	77	
에피텔란타속	78	
엘렌베키	60	
영락	17	
오로라	69	
오베사	41	
오비큘라타	31	
오심령옥	45	
오푼티아속	80	
옥선	91	
옥옹	79	
옥전	24	
옵튜사	52	
옵튜사 교배종	54	
와우	47	
용산	23	
우각	74	
웅동자	31	
워터메이에리	33	
월미인	63	
월영	39	
월천락	80	
월토이	58	
유포르비아속	41	
은록	35	
은사자보	47	
은피금	31	
을녀심	68	
일륜옥	48	
입전금	38	
자만도	59	ㅈ
자묘조	31	
자보금	47	
자트로파속	55	
자훈옥	48	
장미환	83	
정고	52	
정야	14, 38	
제인	71	
종귀	91	
조이스툴루크	67	
주련	58	
진무옥	81	
창각전	26	ㅊ
채운각	41	
천구지무	35	
천대전금	23	
청옥	67	
청유	79	
체리돕스속	64	
쵸베리바	52	
축전	24	
춘맹	68	

취관옥	77	
취상	20	
치와와엔시스	14, 38	
칠보수	73	
카구야히메	78	ㅋ
카피르드리프텐시스	52	
칼랑코에속	57	
켓셀린기아나	38	
코노피툼속	24	
코사지	57	
코틸레돈속	31	
콤팩툼	63	
콤프트니아나	91	
쿠페리	52	
크라슐라속	33	
크랍토페탈룸속	42	
태양	83	ㅌ
태평환	77	
토나카이의 춤	58	
토리마넨시스	38	
투구	76	
튜비니칼프스속	83	
트렐레아세이	69	
트리기나스	17	
파가로이데스	27	ㅍ
파리다	37	
파우카리아속	44	
파키피툼속	63	
파티드레스	91	
팔천대	68	
패디란토오이데스	67	
팽	58	
퍼플 헤이즈	67	
펄 본 뉴랜베르그	38	
페네스트라리아속	45	
포르툴라카리아속	65	
푸베켄스	34	
프레린제	37	
플레이오스필로스속	61	
피치프리데	14	
필란시	47	
핑키	37	
하나우라라	14	ㅎ
하월시아속	50	
해왕환	78	
헤만투스속	49	
호리다	41	
홍옥	69	
홍일산	39	
홍채각	41	
홍치아	35	
홍화장	39	
화경	53	
화제광	34	
화춘	34	
환엽주련	58	
황금 월토이	59	
황려	68	
황려선	69	
황파	44	
후미리스	57	
후에르니아속	74	
흑법사	19	
흑토이	57	
희궁	59	
희성미인	69	
히메신도	35	

Boutique Mook No. 1080 sol × sol no Tanikushokubutsu saboten wo sodateyou

Original Copyright ⓒ 2013 by Boutique-sha, Inc.

Original Japanese edition published by Boutique-sha

Korean Translation rights arranged with Boutique-sha, Inc.

through ACCESS KOREA JAPAN AGENCY, SEOUL.

Korean Translation rights ⓒ 2013 by Gbrain

꽃보다 다육이

마츠야마 미사 ⓒ 2013

초판 1쇄 인쇄일 2019년 4월 20일
초판 1쇄 발행일 2019년 4월 30일

지은이 마츠야마 미사   옮긴이 강현정
펴낸이 김지영   펴낸곳 지브레인^Gbrin
편집 김현주
마케팅 조명구   제작·관리 김동영

출판등록 2001년 7월 3일 제2005-000022호
주소 04047 서울시 마포구 월드컵로7길 88 2층
전화 (02)2648-7224   팩스 (02)2654-7696

ISBN 978-89-5979-605-2(13690)

• 책값은 뒤표지에 있습니다.
• 잘못된 책은 교환해 드립니다.
• 해든아침은 지브레인의 교양 전문 브랜드입니다.

본문 일러스트 www.freepik.com / www.utoimage.com / ac-illust.com/ko

꽃, 내 생활에 피어오르다   히라이 가즈미 지음 | 원형원 옮김 | 값 17,000원

한 권으로 끝내는 플라워데코   오노 아츠코 지음 | 강현정 옮김 | 값 21,000원

고양이와 함께 하는 행복한 놀이 방법   클레어 애로스미스 지음 | 강현정 옮김 | 값 13,000원

내 강아지 스트레스 없이 행복한 75가지 놀이 방법   클레어 애로스미스 지음 | 강현정 옮김 | 값 13,000원
강아지와 함께 하는 행복한 놀이 방법   클레어 애로스미스 지음 | 강현정 옮김 | 값 13,000원

예쁜 인테리어는 기본!
습도 조절과 공기 정화까지
키우기 쉽고 사랑스런 다육식물을 만나보자!

13690
9 788959 796052   값 13,000원
ISBN 978-89-5979-605-2

꽃,
내 생활에 피어오르다

히라이 가즈미 지음 | 원형원 옮김

지은이 **히라이 가즈미** 平井かずみ

플로리스트. 이카니카ikanika 대표. 일상 속에 계절 꽃을 장식하는 '일상화'를 제안한다. 도쿄 지유가오카에 위치한 〈카페 이카니카〉를 거점으로 꽃꽂이 모임이나 리스 제작 교실을 일본 각지에서 개최. 잡지 및 광고, 행사의 스타일링과 라디오 방송 패널 등 다방면에서 폭 넓게 활약 중이다. 저서로는 《플라워 데코, 일상의 풍경》을 비롯하여 《부케와 리스》《플라워 스타일링북》《계절을 즐기는 리스 만들기》《서울 안내》등이 있다.
http://ikanika.com/

옮긴이 **원형원**

한국예종합학교와 이화여자대학교 통역번역대학원을 졸업했다. LG, 에너지경제연구원 등에서 상근 통번역사로 근무했으며, 지금은 두 살배기 딸 선하와 함께 성장일기를 쓰면서 도서 번역을 하고 있다. 옮긴 책으로는 《프로의 방정식 BLOCK 7》《헤어컬러 시크릿 레시피》《아름다운 원소 118》《누구나 쉽게 배우는 원소》《선생님도 놀라게 하는 미적분》《실전 살롱워크 가이드북》〈월간 보브(공역)〉등이 있다.

flower
크리스마스로즈

flower vase
도예가 시미즈 요시유키의 그릇

situation
거실 장식장

물이 부족하면 금방 시드는 크리스마스로즈는 물을 넉넉히 부은, 입구가 넓은 그릇에 담는다. 초록 잎에 꽃대를 걸치는 느낌으로 낮게 어레인지. 아래쪽으로 달린 꽃이 보이도록 시선보다 약간 높은 선반 위에 장식했다.